Württembergische Landesgeschichte

für neugierige Leute

Susanne Dieterich

Württembergische Landesgeschichte
für neugierige Leute

Teil 1

Von den Kelten zu den Württembergern
bis zur Reformation

DRW-Verlag

Impressum

ISBN 3-87181-468-7

Produktion:
Wager ! Kommunikation, Altenriet

Gestaltung:
Wulf Wager, Altenriet

Gesamtherstellung:
Karl Weinbrenner & Söhne GmbH & Co., Leinfelden-Echterdingen

Abbildungen auf dem Einband: Liebespaar, Schwäbischer Meister um 1460/70 (Foto: AKG Berlin); Bronzekessel mit drei Löwen aus dem Schatz des Keltenfürsten von Hochdorf (Foto: Gemeinde Eberdingen); Pestarzt, um 1656 (Foto: AKG Berlin)

Bestellnummer: 468

Dieses Buch besteht aus zwei unabhängig voneinander lesbaren Teilen: Im grau unterlegten Text wird die württembergische Landesgeschichte dargestellt. Darauf bezogen bringt der nicht unterlegte Text Hintergrundinformationen zu Leben und Alltag der Menschen in den jeweiligen Epochen. Zusätzlich greifen die schwarz unterlegten Kästen besondere Begriffe oder kurzweilige Themen auf.

Inhalt

Grußwort 7

Vorwort zum Gesamtprojekt 8

Zur Einführung 13

16 Goldfund bei den Kelten – Der Fürst und sein Grab

Von der Badekultur der Römer zu den Badstuben des Mittelalters 19

Die Römer – der Limes, Straßen und Bäder

Frauenhäuser im Spätmittelalter und in der Frühen Neuzeit 25

Die neue Sauberkeit 30

33 Alemannische Landnahme und Eroberung durch die Franken

Stadtluft macht frei? Freie Reichsstädte und ihrer Zünfte 35

Schwaben und Württemberg im Kernland der habsburgischen Weltmacht

Vorderösterreich 46

Vom Knappen zum Ritter – Kindheit im Mittelalter 48

Konrad – der erste württembergische Adlige?

Schwertleite statt Geburtstagsfest 50

Rittertugenden 56

58 Der Verrat – Ulrich der Stifter und die Staufer

Eine schwäbische Geliebte für den Stauferkaiser 60

Der schwarze Tod – die Pest bedroht auch Württemberg 62

Von Eberhard dem Erlauchten bis zu Eberhard III. – Kampf gegen Habsburg

Der schwarze Tod bringt das große Sterben 62

Ausgestoßen – Leprakranke in der Isolation 69

Die Lebenssituation der Frauen im ausgehenden Mittelalter 73
Mömpelgard und die streibare Henriette – Württemberg im heutigen Frankreich

Essen und Trinken im Mittelalter – gesund und leicht 83
„Attempto!" „Ich wag's!" – Eberhard im Bart, der erste Herzog Württembergs

Vom Mutterkorn bedroht – Von der Gicht geplagt 96

Die Sage von der Laugenbrezel 100

Der Arme Konrad – Aufstand der Bauern 102
Aus dem Land gejagt – Herzog Ulrich und die Reformation

104 Zeit der Wirren

Gerädert und gevierteilt – Joerg Ratgeb und der Herrenberger Altar 112

115 Rückeroberung und neuer Glaube

Der „Lichtenstein" von Wilhelm Hauff 116

Götz von Berlichingen, der Ritter mit der eisernen Hand 120

Scholaren statt Mönche – vom katholischen Kloster zur protestantischen Lateinschule 122
Der kluge Diplomat – Herzog Christoph investiert in sein Volk

Schwäbische Kehrwoche – die Last mit der Putzlust 136

„Hie gut Wirtemberg – allewege". Kleine Wappenkunde des Hauses Württemberg 138

Literaturhinweise 142

Bildnachweis 142

Grußwort

Es ist gewiss nicht einfach, die oftmals recht komplizierten Sachverhalte der württembergischen Landesgeschichte anschaulich zu vermitteln. Geschichte hat eben sehr viele Seiten, die Beschäftigung mit ihr setzt die Bereitschaft voraus, sich in Verhältnisse und Umstände vergangener Zeiten hineinzudenken, die uns fremd geworden sind. Wer sich aber darauf einlässt, wird viel Interessantes kennen lernen und seine Wurzeln besser verstehen.

Dieses Buch will allen Leserinnen und Lesern, ob alt oder jung, dabei helfen. Die Autorin Dr. Susanne Dieterich nähert sich der württembergischen Geschichte aus einer erzählenden Perspektive. Sie spannt einen weiten Bogen vom Aufstieg der württembergischen Grafen als einem mittelalterlichen Adelsgeschlecht unter vielen bis zur äußeren und inneren Gefährdung des Landes im Dreißigjährigen Krieg. Schon die ältere Geschichte, vor der Erhebung der Grafschaft Württemberg zum Herzogtum im Jahr 1495, bietet viele spannende Episoden. Dabei versteht es die Autorin, sowohl die Herrscherdynastie als auch die Menschen, über die sie regierte, erzählerisch zum Leben zu erwecken. Man wird dabei erfahren, dass es weder meine Familie noch die württembergischen Untertanen immer leicht hatten, sondern sich den Problemen ihrer Zeit stellen mußten. Allein die Umbrüche des frühen 16. Jahrhunderts im Zusammenhang mit dem Bauernkrieg und der Einführung der Reformation veränderten das gesamte Land grundlegend. Nachdem diese Schwierigkeiten überwunden waren, erlebte das Herzogtum Württemberg eine Blütezeit, da es Jahrzehnte lang von Kriegen verschont blieb und wirtschaftlich prosperierte. Doch der Dreißigjährige Krieg brachte wieder viel Not und Elend über die Menschen. Ein Drittel des Landes ging verloren, und es war lange Zeit unklar, ob der Herzog von Württemberg diese Gebiete je wieder zurück bekommen würde.

Stoff gibt es also genug für zwei Bände, und in Dr. Susanne Dieterich hat sich eine erfahrene Autorin gefunden, um ihn für neugierige Leute interessant und anschaulich darzustellen. Als Chef des Hauses Württemberg freue ich mich über dieses Buch, gerade weil es sich an einen breiteren Leserkreis wendet, und wünsche ihm viele interessierte Leserinnen und Leser.

Carl Herzog von Württemberg

Vorwort zum Gesamtprojekt

Wie war das eigentlich in Württemberg? Was passierte, im Rahmen und abhängig von der „großen Weltgeschichte", der europäischen oder der deutschen Geschichte im kleinen Württemberg? Was ist das Besondere an der Geschichte Württembergs? So fragen sich viele Württemberger und Württembergerinnen selbst, spätestens dann, wenn sie Gästen oder Fremden die Sehenswürdigkeiten ihrer Umgebung vermitteln sollen.

Das wollen aber auch die vielen Bewohner und Bewohnerinnen des Landes wissen, die hier zwar nicht geboren oder aufgewachsen sind, aber ihren Lebensmittelpunkt und vielleicht ihren Arbeitsplatz hier gefunden haben. „Erzähl' mir meine Geschichte!" – dies ist ein legitimer Wunsch von aufgeweckten, wissensdurstigen Kindern, doch so manche Großmutter, sogar mancher Lehrer windet sich dann, wenn es ganz speziell um die „wirklich eigene", die württembergische Geschichte geht, zumal diese nicht so einfach in einem der gebräuchlichen Schul - Geschichtsbücher nachzulesen ist. Was also liegt näher, als sich kurz und bündig in einem einschlägigen Buch kundig zu machen? Das Wichtigste aus der württembergischen Landesgeschichte sollte dieses komprimiert und gut lesbar darbieten.

Dass das hier vorliegende Buch geschrieben wurde, ist auf die erstaunliche Tatsache zurückzuführen, dass es ein solches Werk mit einer zusammenhängenden württembergischen Landesgeschichte, in welchem sich der historisch interessierte Laie oder aber auch der landesfremde Fachkundige einen Überblick speziell über die württembergische Geschichte verschaffen könnte, seit Jahren gar nicht gibt. Einzelne, ausführliche und fundierte Werke und Fachaufsätze zu bestimmten Themen, Fragestellungen und Epochen sind den Lesern durchaus zugänglich, und sie finden darin hervorragend recherchiertes und gut aufgearbeitetes Material, das dank der „Zunft" renommierter Landeshistoriker auf höchstem wissenschaftlichen Niveau detailliert Auskunft gibt zu den entsprechenden Fragen und den derzeitigen Forschungsergebnissen.

Von der Warte der Sozial-, Politik-, Wirtschafts-, Religions-, Literatur- und Geistesgeschichte aus, mehr und mehr endlich auch der Frauengeschichtsschreibung Rechnung tragend, dynastischen und genealogischen Fragestellungen gewidmet, unterschiedlichen historischen Schulen anhängend, wird die Vergangenheit Württembergs in zahlreichen Einzelwerken beleuchtet. Doch was tun, wenn man das Wichtigste oder das Besondere aus der württembergischen Geschichte erfahren möchte, ohne in Fachbibliotheken Aufsätze und Werke zu Einzelfragen studieren zu wollen? Diesem Dilemma will das vorliegende Buch Rechnung tragen.

„Erzähl' mir meine Geschichte!"

Auf Reisen, in Vorträgen, bei Stadt- und Museumsführungen kann man das Interesse immer größer werdender Kreise von Menschen aller Altersstufen an der eigenen Geschichte und Herkunft wahrnehmen. Auch und gerade im Zuge einer immer stärker vernetzten, globalisierten Welt.

Die Menschen wollen wissen, welche Ereignisse in der Vergangenheit ihrer unmittelbaren Umgebung geschahen, in dem Land, in dem sie leben. Diese Frage muss zwangsläufig über den Zeitraum hinausführen, in dem sich das, was wir heute Württemberg nennen, herausbildete und weiter zurück in die Zeit der Kelten, der Römer oder der Alemannen führen, auf deren Spuren wir heute an vielen Orten unserer unmittelbaren Umgebung stoßen. Und dies im Bewußtsein, dass darüber hinaus in dieser Gegend aus fast nicht mehr vorstellbarer Vergangenheit Zeugnisse menschlichen Lebens anzutreffen sind, die weltberühmt sind.

Außer dem Fund eines 450.000 Jahre alten Unterkiefers des „homo heidelbergensis" im Schotter einer Neckarschleife in der Nähe von Heidelberg ist im süddeutschen Raum ein weiterer menschlicher Zeuge der Vorzeit entdeckt worden: der 250.000 Jahre alte Schädel des „homo steinheimensis", benannt nach seinem Fundort Steinheim/Murr. Vermutlich handelt es sich um eine junge Frau und – einen Kriminalfall. Die Kopfverletzung an der linken Schläfe, wohl durch einen Schlag verursacht, deutet darauf hin, dass die Frau getötet worden ist.

Man muss nicht einmal ein „Rulaman"-Fan sein (nach der 1878 erschienenen bis heute populären Erzählung David Friedrich Weilands aus der Zeit der Höhlenmenschen und -bären), um die auf der Schwäbischen Alb bei Niederstotzingen gefundenen Kunstwerke zu bewundern, die vor ungefähr 35.000 Jahren gefertigt wurden und damit sogar älter sind als die zugegebenermaßen bekannteren Malereien in den südfranzösischen Höhlen von Lascaux. Die kleinen, aus Mammutstoßzähnen geschnitzten Elfenbeinfigürchen, Pferdchen, Rinder und löwenartigen Tierchen sind zeitlos schön. Und sie gehören zu den ältesten Kunstwerken der Welt!

Unsere auf zwei Bände angelegte Geschichte Württembergs beginnt später, bei den Keltengräbern und dem römischen Limes. Sie führt von der Badekultur der Römer zu den Badstuben und in die Bordelle der mittelalterlichen Städte, sie handelt von den Alemannen und hält sich im Kernland der damaligen Weltmacht der Staufer auf, fragt nach den Anfängen des Hauses Württemberg, dem Aufstieg der Reichsstädte und ihrer Handwerkszünfte und blickt mit einer streitbaren Frau ins heute längst französische Mömpelgard an der burgundischen Pforte.

Von der Grafschaft zum Herzogtum unter der Regentschaft des klugen Universitätsgründers Eberhard im Bart wird die Geschichte des Landes verfolgt, um dabei immer wieder auf der vordemokratischen und Württemberg so eigenen Einrichtung der „Landstände" zu verweilen. Vom Knappen zum Ritter werden Lebensentwürfe im Mittelalter gezeigt und dabei auch die Situation der Frauen beleuchtet, auf Burgen, in Städten und auf dem Land. Von sozialer Fürsorge in Spitälern und Klöstern, von Hungersnöten, Seuchen und Bauernaufständen wird die Rede sein, von Habsburger Fremdherrschaft, der Reformation und von Herzog Ulrich, vom Schul- und Bildungswesen und vom ebenso weisen wie zupackenden Herzog Christoph. Der zweite Band führt von den Wirren des Dreißigjährigen Krieges im 17. Jahrhundert bis ins 20. Jahrhundert und endet mit dem Zusammenschluss der Länder im Südwesten der Bundesrepublik zum Bundesland Baden-Württemberg 1952 vor genau 50 Jahren.

Weil die Autorin erkennen musste, dass immer weniger Menschen und vor allem immer weniger junge Leute Sagen und Legenden, Gedichte und Lieder kennen, die bisher zum lebendigen und selbstverständlichen Wissensschatz gehörten, die aber heute kaum irgendwo mehr vermittelt werden, sind solche Texte in die entsprechenden Kapitel aufgenommen worden. Bedeuten sie doch als eine Art „kollektives Gedächtnis" auch ein Stück Identität Württembergs, gerade in einer Zeit der Globalisierung und Internationalisierung unseres Alltagslebens. Und das Wissen um die eigene reiche Tradition kann frei machen für die positive Aufnahme anderer Traditionen und Kulturen, Lust machen auf Fremdes und Neues.

Beim Erzählen bleiben durchaus Ärger, Wut, Anerkennung oder Zuneigung zu manchen Personen aus der Geschichte nicht verborgen, hin und wieder gerät ein Kapitel etwas länger als eines, zu dessen handelnden Personen eine größere Distanz besteht, etwa weil weniger über sie bekannt ist oder weil sie in einem sehr großen zeitlichen Abstand zu unserer heutigen Welt gelebt haben. In vielem rührt uns das Schicksal mancher historischen Figur auch heute noch an, in vielem jedoch fühlen wir, dass wir sie in ihrem Ganz- anders- Sein nicht erreichen können. Das sollte uns zurückhaltend machen in unserem Urteil über sie.

Viel wird von den Herrschenden die Rede sein, die den Lauf der Politik bestimmten, von Grafen, Herzögen und Königen und deren Frauen, doch immer wieder gilt es den Standpunkt zu wechseln, von oben nach unten, denn auch diejenigen, welche die Geschichte zu erleiden und die Folgen der Entscheidungen der Mächtigen zu tragen hatten, schrieben, man denke nur an die Bauernaufstände oder die Standhaftigkeit vieler Glaubensverfolgter, diese Geschichte auf ihre Weise mit, auch wenn niemand **über** sie schrieb. Wenn in der Geschichtsschreibung wenig Frauen vorkommen, bedeutet dies ja auch nicht, dass die Frauen nicht großen Einfluss genommen und beachtliche Leistungen vollbracht hätten, sondern lediglich, dass Mann nicht über sie schreiben wollte.

Und jene scheinbar Mächtigen, welche „Geschichte machten", waren oft selbst Opfer, gefangen in den Zwängen ihrer gesellschaftlichen, politischen oder familiären Stellung, ausgeliefert ihren religiösen oder moralischen Vorstellungen, Produkte ihrer Erziehung, Bildung oder Unbildung.

Selten gibt es in der Geschichte ein eindeutiges Richtig oder Falsch, und schon gar keine Moral. Seltene Ausnahmen leuchten einsam auf und werden dankbar vermerkt.

Worum es hingegen immer geht, das ist die Frage der Macht, der ewige Kampf um die Erlangung und den Erhalt der Macht. Und was bleibt über die Jahrhunderte hinweg, das ist der Schmerz und das Leid der Menschen, ihr Glück und ihre Angst, Krankheit und Tod, Treue und Verrat, die Sehnsucht der Menschen nach Liebe, und ihr Fragen nach dem Woher und Wohin des Menschseins. Und hier sind wir unseren historischen Figuren, gleich welchen Alters, nahe.

Den vielen oft ungeduldigen Fragen meiner beiden Kinder nachgebend, wie denn die Schüler früher gekleidet waren, was sie gegessen und wie sie gewohnt haben, wie gekocht wurde und welche Tischsitten es einzuhalten galt, ob sich die feinen Leute in den barocken Schlössern tatsächlich nie gewaschen haben und „ob es im Mittelalter schon Klopapier gab", was die Mütter unternahmen, wenn ihr Kind krank wurde, wie die Menschen damals gereist sind, wie man Ritter werden konnte und ob es vielleicht doch schöner sei, als Burgfräulein zu leben, all diesen neugierigen Fragen nachgebend, habe ich mich entschlossen, auch Themen aus der Alltagsgeschichte in ein Buch über württembergische Landesgeschichte aufzunehmen. Denn diese schienen manchmal weit mehr zu interessieren als bestimmte noch so spannende politische Ereignisse oder historische Persönlichkeiten.

Sie erwiesen sich jedoch auch als am schwierigsten zu beantworten, erforderten den meisten Zeitaufwand bei der Recherche und konnten doch nicht immer befriedigend oder gar erschöpfend behandelt werden.

Die unvoreingenommene Neugier meiner Kinder, aber auch zahlreicher historisch interessierter Erwachsener bei gemeinsamer Spurensuche in Schlössern und Gärten, Klöstern und Kirchen, Städten und Dörfern ermöglichten es mir, mich über so manche wissenschaftliche Skrupel, historische Schulen und Methodendiskussionen hinwegzusetzen, den Drang nach Vollständigkeit außer Acht zu lassen und in aller Einfachheit schlicht von unserer Geschichte zu erzählen.

An die Fachwelt der Historiker wendet sich das vorliegende Buch nicht. Vielmehr ist es im Sinne Christian Gottlob Barths, der vor gut 150 Jahren mit seiner erzählten „Geschichte von Württemberg" ein zeitbedingt anders geartetes, doch in Zielgruppe und Anspruchshaltung durchaus vergleichbares Unterfangen in Angriff genommen hatte, „für den Bürger und Landmann" gedacht. Wenngleich Barth seine theologische Herkunft kaum zu verleugnen vermochte und sein kenntnisreiches, farbig geschriebenes Werk eher ein Volksbuch voller Anekdoten, Sagen und Erzählungen denn eine klassische Landesgeschichte mit wissenschaftlichem Anspruch darstellt, so ist ihm etwas gelungen, was auch dem Wunsch der Autorin für ihr Buch entspricht: Neugier und Liebe zu wecken für die württembergische Landesgeschichte und die Menschen, die sie schrieben und erlitten. Und Interesse zu finden nicht nur an der Vergangenheit, sondern auch an der eigenen, unmittelbaren Gegenwart mit einem aus Einsicht in Vergangenes wurzelnden Engagement für das Jetzt und Heute in Württemberg: „Ich rühr' mich und ich mische mich ein!"

Die Idee, ein solches Buch zu schreiben, gab mir mein Mann. Den Mut, es so zu schreiben, verdanke ich Gerhard Raff. „Attempto!"

Susanne Dieterich

Zur Einführung

Vor dem Einstieg in die Einzelheiten und den Fortgang unserer Geschichte ist eine kleine Vorüberlegung lohnenswert.

Mögen uns die Kelten auch faszinieren, so bleiben sie uns doch seltsam fremd. Und wenn die antiken Römer zwar vielen von uns durch Geschichts- oder Lateinunterricht besser vertraut sind, so scheint ihre Welt doch unendlich weit zurück zu liegen. Während die Alemannen und Franken uns trotz zahlreicher archäologischer Funde und Erklärungsversuche dennoch fern bleiben, so scheinen uns die Menschen des Mittelalters in ihrem Denken, Fühlen und Handeln wenigstens ein klein wenig näher zu rücken – und damit die Zeit, in der die Württemberger die Bühne der Geschichte betreten.

Wir sind geneigt, sie nicht mehr so distanziert zu betrachten wie zum Beispiel die Kelten, sondern sie Anteil nehmend zu begleiten. Wir zeigen uns ärgerlich oder gar empört über ihre Handlungsweise, ja wir verurteilen sie vielleicht sogar. Wir leiden mit ihnen oder freuen uns über das, was wir als ihr Glück oder ihren Erfolg zu erkennen glauben. Und wir ertappen uns, dass wir Partei ergreifen, nach unseren heutigen Maßstäben urteilen.

Das ist zwar sehr unwissenschaftlich und für einen Historiker ganz gewiss nicht die „richtige" Art, historische Phänomene sachlich zu untersuchen. Aber es geschieht uns unweigerlich. Viele Geschehnisse aus der Geschichte lassen uns nicht unberührt. Und das ist auch gut so.

Denn können diejenigen, welche ihre eigene Gegenwart für sich und ihre Mitmenschen gestalten, verändern und in die Zukunft führen, etwa leidenschaftslos in die Vergangenheit, die ja auch die ihre ist, zurückblicken?

Nun soll nicht schulmeisterlich der pädagogische Zeigefinger erhoben werden mit der Forderung, wir sollten doch bitte schön aus unserer Geschichte lernen. Vielleicht genügt es nämlich manchmal schon, wenn wir unsere eigene Gegenwart ein wenig aus unserer Vergangenheit heraus zu verstehen suchen. Dabei empfiehlt es sich, wenigstens den Versuch zu unternehmen, die jeweiligen äußeren Bedingungen zu berücksichtigen, unter denen Menschen vergangener Jahrhunderte zu leben hatten.

Es handelt sich um die Zeit vom ausgehenden 11. bis zum Ende des 16. Jahrhunderts, als sich die Württemberger im Herzogtum Schwaben eigenständig herausgebildet und mit der Zeit ein ansehnliches Territorium geformt hatten. Die Dynastie des Hauses Württemberg hatte sich als Landesherrschaft durchgesetzt, ihr Verhältnis zu den Nachbarn geklärt und sich im Mächtespiel politisch übergeordneter Kräfte ihren Platz gefunden.

Die Württemberger bauten Burgen und gründeten Klöster, knüpften Handelsbeziehungen

und stellten mit einer verbindlichen Gesetzgebung eine zumindest einigermaßen zuverlässige innere Sicherheit her. Das war alles nicht selbstverständlich und auch die Verlässlichkeit einer funktionierenden Verwaltung, eine Infrastruktur mit sicheren Straßennetzen und Transportmöglichkeiten ohne ständig Wegelagerern ausgesetzt zu sein bedeutete einen Fortschritt. Einen weiteren Grundstock für die Entwicklung des Landes bildete gerade in Württemberg dann die Gründung einer Landesuniversität.
Es ist die Zeit, die im Allgemeinen mit dem Hoch- und Spätmittelalter bezeichnet wird und die beginnende Neuzeit andeutet.
Wie sehr sich die grundsätzlichen Lebensbedingungen der Menschen von damals zu heute unterscheiden, wird uns sehr schnell bewusst, wenn wir uns nur einmal vergegenwärtigen, was es für den ganz normalen Alltag bedeutet, ohne elektrischen Strom auskommen und den gesamten Tagesablauf auf das natürliche Tageslicht, Sonne, Mond und Sterne abstimmen zu müssen. Man hatte zwar Talg- und Kerzenlicht, Fackeln, Kienspäne und das Licht des offenen Kaminfeuers zur Verfügung, doch nur die wenigsten konnten sich Kerzen leisten, das Wachs war viel zu teuer und auch beim Talg musste der einfache Mann sparen.
Der Tagesrhythmus wurde vom Sonnenaufgang und -untergang bestimmt. Erst im 14. Jahrhundert kam die Uhr auf. Die Arbeit war also weitgehend von den jahreszeitlichen Gegebenheiten abhängig, das Zeitgefühl des Einzelnen ein völlig anderes als heute, auch der Wert der Zeit war anders. Als Maßstab zur Beurteilung seiner Arbeit galt zum Beispiel für einen Handwerker ausschließlich die Qualität und Solidität seines Werkes, Begriffe wie Rentabilität blieben ihm völlig fremd.
Wasser musste vom Brunnen herbeigeschleppt werden, oft von weit her, und kühle Herbsttage, ja eiskalte Winternächte durchzustehen ohne ausreichende Heizmöglichkeiten und mit zugigen Wänden und Fensterlöchern – schützende Fensterscheiben kannte man erst spät – erforderte Abhärtung und robuste Widerstandskraft.
„Dr' Sterbling butzt's", so sagte man noch im 19. Jahrhundert, denn nur die Gesunden überlebten, meist kamen Schwache nicht einmal über das Kindesalter hinaus und starben schon vorher. Wenn man sich vergegenwärtigt, dass Öfen, gar Kachelöfen, erst spät aufkamen und es offene Kaminfeuer oder wärmende Kohlebecken nur in wenigen Räumen gab, so kann man die Freude der Menschen an den ersten Sonnenstrahlen des Frühlings erahnen.
Hunger, Krankheit und Schmerz hießen die täglichen Begleiter der Menschen, denen sie je nach sozialem Stand mehr oder weniger hilflos ausgeliefert waren. Der Ausbruch von

Seuchen, durchziehende Kriegsheere oder einfach nur Überfälle räuberischer Banden waren durchaus keine Seltenheit, selbst der Weg ins nächste Dorf oder in die nächste Stadt barg viele Gefahren.

Straßen und Transportmöglichkeiten waren mangelhaft und wer nicht Pferd, Ochs oder Esel besaß, das heißt also die meisten, war auf Schusters Rappen angewiesen oder auf die Mitnahme durch ein Fuhrwerk, wollte er woanders hin gelangen oder eine Nachricht übermitteln.

Dennoch ist es falsch, vom finsteren Mittelalter zu sprechen. Wissenschaft und Kunst blühten in vielen Klöstern, Städten und an manchen Herrscherhöfen.

Der Handel bot mutigen Leuten ungeheure Möglichkeiten, das Handwerk boomte, die Baukunst gelangte zur Blüte, man denke nur an das Zisterzienserkloster Maulbronn oder an Hirsau.

Aufs Feiern und Festen verstanden sich die Leute von damals wohl intensiver als viele von heute, bei der Entspannung im Bade- und Frauenhaus ebenso wie beim Tanz auf dem Dorfplatz und im Wirtshaus. 140 Feiertage gab es im Jahr, meist kirchlich bestimmt, denen allerdings auch sehr lange und strenge Fastenzeiten gegenüber standen.

Prüde waren sie nicht, die Menschen im Mittelalter, doch auch wenn sie weit davon entfernt waren, alle kirchlichen Regeln und Vorschriften einzuhalten, so waren sie dennoch fest eingefügt in die kirchliche Ordnung und in unumstößlichen religiösen Strukturen „gottgegebener" Ordnung gebunden. Sie waren in einem den meisten Menschen heute nicht mehr vorstellbaren, hohen Maß von großer Gottesfurcht bestimmt und auf den stets unvorhersehbaren, ja plötzlichen Tod und ein Leben im Jenseits eingerichtet.

Goldfund bei den Kelten – der Fürst und sein Grab

Viele Jahrhunderte lang genoss er unbeachtet seine Ruhe, doch dann wurde er zur Sensation: Der Tote im Grabhügel von Hochdorf, einem kleinen Örtchen bei Ludwigsburg, unweit des in der flach gewellten Lösslandschaft herausragenden „Demokratenbuckels“, der berühmt-berüchtigten württembergischen Gefängnisfestung Hohenasperg.

Reiche Grabbeigaben

Die ungewöhnlich reichen Grabbeigaben machten den staunenden Archäologen, die 1978 dort Ausgrabungen unternahmen, schnell klar, dass sie es mit der Leiche eines Fürsten von hohem Ansehen zu tun hatten, der zwischen 550 und 500 v. Chr. gelebt hatte und nach seinem Tod im Alter zwischen 40 und 50 Jahren, für damalige Verhältnisse ein hohes Alter, in einem sorgfältig durchdachten Grabmonument bestattet worden war.

Die Lebenszeit dieses vornehmen Herrn fällt in die Blüte der keltischen Kultur, benannt auch als Hallstattkultur nach einem Gräberfeld bei Hallstatt in Österreich, wo wie auch an anderen Orten Gräberfunde aus der Keltenzeit gemacht wurden, die aber allesamt von Grabräubern längst geschändet sind. Allenfalls der einige Jahre vor der Überraschung von Hochdorf in Vix in Burgund gemachte Fund eines noch unberührten Grabes einer Keltenfürstin kann sich mit dem von Hochdorf messen.

Zu Lebzeiten des Fürsten von Hochdorf siedelte der Stamm der Kelten in Süddeutschland, davon zeugen zahlreiche Ausgrabungsfunde auch an anderen Stellen. Doch keiner war bisher so prachtvoll wie der von Hochdorf.

Spuren einer frühen Hochkultur

Wie ein wertvoller Tresor wurde das fürstliche Grab mit 50 Steinblöcken geschützt. Der Inhalt scheint wie ein Spiegel der Macht und des Reichtums eines Herrschers, der vor uns als ein Repräsentant einer sehr differenzierten Hochkultur aufscheint. Betrachtet man die Ausstattung des Toten als Visitenkarte von Kunst und Können der Handwerker seiner Zeit, so bietet sie durchaus einen glänzenden Beweis für die weit entwickelten Fähigkeiten, aber auch die intensiven Handelsbeziehungen der Kelten bis in den Mittelmeerraum hinein. So fand sich im Grab ein großer Bronzekessel, aus einem Stück gefertigt, der 500 Liter Getränk fassen kann, drei verzierte Henkel hat und mit drei auf dem Kesselrand liegenden Löwen geschmückt ist. Es handelt sich um einen Import aus dem antiken Griechenland, vielleicht als Weihegeschenk in ein Heiligtum gespendet oder als ganz weltlicher Preis gestiftet für einen Wettkampf. Möglicherweise wurde das Prunkstück als Gastgeschenk eines Diplomaten aus einer grie-

Frühe Kontakte zum antiken Griechenland

chischen oder etruskischen Stadt überreicht. Interessant daran ist die Tatsache, dass der Kessel aus dem Mittelmeerraum stammt und die daraus entstehende Frage, wie er denn vor 2500 Jahren über die Alpen in den Norden gelangt sein könnte. Hat man damals schon die berüchtigten gefährlichen Alpenpässe überquert? Oder reiste man bequemer per Schiff auf dem breiten Rhonefluss vom Rhonedelta am Mittelmeer im heutigen Südfrankreich aufwärts bis zum Doubs an der burgundischen Pforte, wo dann Menschen und Güter verladen wurden und im Falle des Reiseziels Hochdorf auf dem Landweg weiterzogen?

Schatzkammer eines Keltenfürsten

Die Schatzkammer des Fürsten birgt Schätze von ausgesuchter Schönheit und seltener Eleganz. Zunächst bringt uns die Habe des Toten den Mann geradezu persönlich nahe: Ein Hut aus Birkenrinde, ein breiter Halsring aus Gold, zwei Schlangenfibeln aus Bronze, ein Dolch, fünf Perlen aus Bernstein, vielleicht Amulettperlen, dazu ein Täschchen samt Nagelschneider. Ein Rasiermesser, ein Kamm und drei eiserne Angelhaken, ein Köcher mit Pfeilen, goldene Schutz-

Der Bronzekessel mit den drei Löwen (104 cm Durchmesser, 80 cm Höhe).

Kunstvoll verzierte Bronzekline

beschläge und wertvoller Goldschmuck von erlesenem Geschmack.
Aufgebahrt ist der Fürst auf einer bis dahin noch nie gekannten Bronzekline, einer kunstvoll mit rituell tanzenden, feingliedrigen Figürchen verzierten Liegebank.
Und der für damalige Verhältnisse groß gewachsene Mann beginnt geradezu lebendig zu werden, wenn das Auge des Betrachters auf das umfangreiche Trinkservice aus neun mit Goldbändern geschmückten Trinkhörnern, einem imposanten, noch mit Rückständen von einheimischem Honigmet behafteten riesigen Bronzebecken und einer goldenen Schöpfschale fällt. Neun Speiseteller und drei Schüsseln samt „Besteck" vervollständigen den Eindruck eines eben erst abgehaltenen Festmahls. Mag dieses auch religiös bedingt und rituell abgehalten worden sein, gerne stellt man sich den Fürsten im Kreise seiner Freunde vor und fragt nach der Frau an seiner Seite... Oder man bewundert ihn als mutigen Krieger, wenn man seinen reich verzierten vierrädrigen Wagen mit Pferdegeschirr bestaunt.
Beeindruckend sind die handwerklichen Fähigkeiten jener keltischen Menschen, zeitlos schön bleibt die Ästhetik dieser kunstvollen Gebrauchs- oder rituellen Gegenstände, die dem Betrachter nicht nur Respekt vor der längst versunkenen Kultur der Kelten abverlangen, sondern auch Hochachtung vor der Geduld, dem Einfühlungsvermögen und Können der Archäologen und Restauratoren, die in mühseliger Kleinarbeit die verfallenen Gegenstände aus dem 6. Jahrhundert vor (!) Christi Geburt wiedererstehen und vorstellbar werden lassen.
Die einmaligen Funde aus dem Hochdorfer Fürstengrab, die einen authentischen Eindruck der Bestattung vor 2500 Jahren geben, sind heute in einem ansprechenden Museum in Hochdorf für die Öffentlichkeit zugänglich.

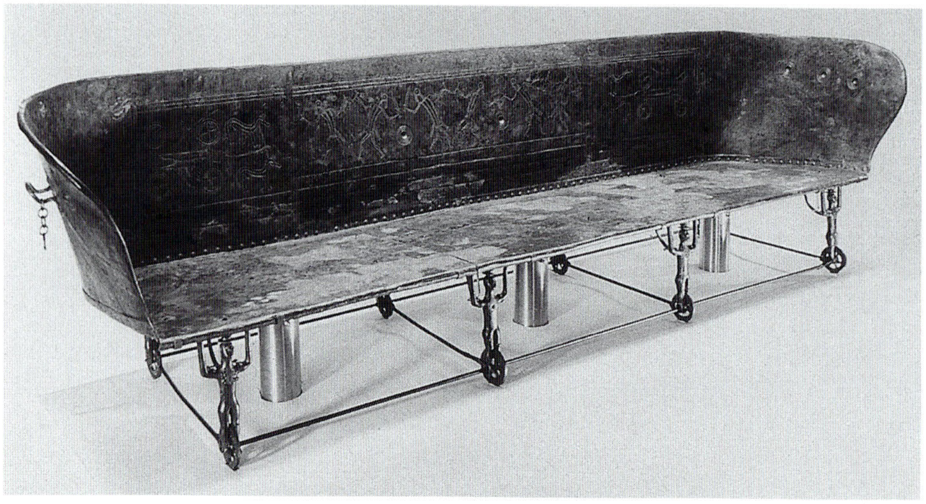

Die Kline (=Liege) des Fürsten aus Bronze und Eisen.

Von der Badekultur der Römer zu den Badstuben des Mittelalters

Szenen aus dem römischen Bad

„Von allen Seiten umtönt mich wirrer Lärm, denn ich wohne gerade über dem Bade. Stelle Dir jetzt einmal alle Arten von Tönen vor, die es einen bedauern lassen, dass man Ohren hat. Wenn die Kräftigeren ihre Leibesübungen treiben und dabei ihre Hanteln schwingen, wenn sie sich abarbeiten oder auch bloß so tun, dann höre ich ihr Stöhnen und, sobald sie dem angehaltenen Atem wieder seinen Lauf lassen, ihr Zischen und heftiges Keuchen. Wenn ich aber auf einen Müßiggänger stoße, der sich bescheiden nach plebejischer Manier salben lässt, so höre ich das Klatschen der Hand (des Masseurs) auf den Schultern, das seinen Ton ändert, je nachdem die Hand flach oder hohl aufschlägt. Kommt vollends noch ein Ballspieler dazu, der zählt, wie oft er den Ball abprallen lässt, denn ist es um mich geschehen. Nimm nun noch einen Zankteufel dazu und einen ertappten Dieb und einen, der gern seine eigene Stimme im Bad ertönen hört; nimm ferner noch hinzu die, welche unter lautem Klatschen des aufplätschernden Wassers ins Schwimmbassin springen! Außer diesen, deren Laute doch wenigstens natürlich sind, denke Dir noch einen Haarausrupfer, der, um sich bemerkbarer zu machen, wieder und wieder seine dünne, schrille Stimme hervorpresst und erst schweigt, wenn er jemandem die Haare unter den Achseln ausreißt und so einen anderen an seiner Statt schreien lässt.

Die Römer – der Limes, Straßen und Bäder

Das schwach bevölkerte Neckarland, ohnehin zweifelhaften Besitzes, wurde wie ganz Süddeutschland in mehreren Etappen dem Römischen Reich eingegliedert. Im Jahre 15 v. Chr. hatten die beiden Adoptivsöhne des Kaisers Augustus, Drusus und Tiberius, zwei Heere in das nördliche Voralpenland geführt und die hier lebenden keltischen Stämme unterworfen. Damals war es zu einem Seegefecht auf dem Bodensee gekommen!

Handels- und Heerstraßen, Grenzwälle und Kastelle

Bis zur Donau waren sie vorgestoßen und bis zum Ende des 1. Jahrhunderts n. Chr. befanden sich die Gebiete des Neckarlandes, die Schwäbische Alb und das Nördlinger Ries fest in römischer Hand, bald vorgeschoben bis auf die nördliche Linie Miltenberg, Lorch und Aalen, abgesichert durch gut gefestigte Heerstraßen, Kastelle und Grenzwälle zwischen Rhein, Main und Donau. Diese Grenze sollte erst im dritten Jahrhundert von germanischen Scharen durchbrochen werden. Danach ging das Gebiet dem Römischen Reich allmählich für immer verloren.

Das Gebiet des heutigen Württemberg, teils zur Ostprovinz Obergermanien, teils zur Provinz Rätien gehörig, konnte sich im Schutze des römischen Militärs zu einer

Endlich die verschiedenen Ausrufe des Kuchenhändlers, der Wurstverkäufer, der Zuckerplätzler und aller Kellner der Kneipen, die sämtlich in ihrer eigentümlichen, durchdringenden Tonweise ihre Waren anpreisen." So klagt im ersten nachchristlichen Jahrhundert der sichtlich ruhebedürftige römische Philosoph und Schriftsteller Seneca in einem Brief an seinen Freund Lucilius.
Mit der Beschaulichkeit heutiger Kurbäder hat die römische Badekultur ganz offensichtlich nichts gemein. Keine Spur von ehrfürchtiger Stille, wie sie der modernen Wellness-Atmosphäre vornehmer Thermen von heute eigen ist. Das Bad, das mehr bedeutete als nur die Säuberung des Körpers von alltäglichem Schmutz, gehörte zu den Selbstverständlichkeiten im Leben eines jeden Römers.

Mens sana in corpore sano

Die Badeanstalten, welche bereits im 3. Jahrhundert v. Chr. in Rom entstanden, hatten ihr Vorbild in den Gemeinschaftsbädern, Duschen, Schmutzbädern und Pools der Sport- und Bildungsstätten der Griechen. Der antiken Badekultur wurde unter dem Aspekt der Hygiene, Entspannung und Gesundheit im Sinne eines ganzheitlichen Menschenbildes eine wichtige Bedeutung zugemessen: „Mens sana in corpore sano", so die Überzeugung, ein gesunder Geist wohne nur in einem gesunden Körper. Kur- und Heilbäder waren einem professionell geregelten, medizinisch überwachten Badebetrieb unterworfen. Heilkräftige Thermalquellen wurden mit hohem Kostenaufwand erschlossen, in ästhetisch anspruchsvollem Architekturstil ausgebaut und mit kunstvollen Mosaiken und Skulpturen ausgeschmückt.

blühenden Kulturlandschaft entwickeln. Das Land war durch ein gut ausgebautes Straßennetz erschlossen, schnell wachsende Zivilsiedlungen, in denen die Angehörigen der Soldaten sowie Händler und Handwerker wohnten, unter die sich bald die einheimische Bevölkerung mischte, bildeten die Keimzellen für später wohlhabende Städte. Die ländliche Bevölkerung, die zunächst vorwiegend keltischen Ursprungs war, lebte auf Einzelhöfen, den „villae rusticae", von denen über 2000 in Südwestdeutschland bekannt sind.
Was ist uns heutigen Menschen von jener Zeit außer stummen Steinzeugen und abenteuerlichen Fantasiegeschichten mit gut erfundenen Figuren à la Asterix und Obelix geblieben?

Römische Hinterlassenschaften: Häuser aus Stein, befestigte Straßen und ein Verkehrsnetz

Die Menschen von damals haben mit ihrem Alltagsleben die Orte unserer Gegenwart geprägt und eine Vielzahl technischer und kultureller Leistungen der mediterranen Welt in unsere Region gebracht. Die Erschließung des Landes mit befestigten Straßen sowie der Ausbau einer funktionierenden Infrastruktur gehören zweifellos zu den wichtigsten Voraussetzungen für die weitere wirtschaftliche Entwicklung, ebenso die Bauweise und Baukunst der Römer. Nicht nur für den Straßenbau, sondern auch für den Häuserbau brachten sie den hier noch unbekannten Steinbau ins Land. Noch heute beeindruckt die gewaltige römische Befestigungsanlage des Limes, und seine noch immer imposanten Überreste sind seit Generationen beliebtes Ziel von Schul- und Betriebsausflügen. Eines der größten Limes-

Antike Fußboden-heizung

Die Fußbodenheizung als technische Voraussetzung der römischen Badeanlagen ringt uns in ihrer Einfachheit und hohen Effektivität noch heute Respekt ab. Unter den warmen Baderäumen verlief ein ungefähr ein Meter hoher Tunnel, abgestützt durch Steinpfeiler, durch den von einer mit Holz beheizten Feuerstelle aus erhitzte Luft durchgeleitet wurde, welche die Räume darüber erwärmte. Das Wasser wurde durch Röhren aus Blei, Holz oder Ton in die Bäder geleitet, die in den Städten an das öffentliche Kanalsystem angeschlossen waren. Bevor das Abwasser wieder in einen Fluss oder Hain hinaus geleitet wurde, benutzte man es als Brauchwasser für Toilettenspülungen und zum Putzen der Badeanlage.

Die Badeprozedur

Den Besucher erwartete in einem Wechsel von Warm- und Kaltbädern ein festgelegter Ablauf: Die Badeprozedur, an deren Ende er – oder sie, jeweils jedoch getrennt genießend – gereinigt, gestärkt und entspannt auf vergnügte, gesellige Stunden mit seinen Mitbadenden zurückblickte, begann im Umkleideraum, wo der Badende das Eintrittsgeld und meist eine Gebühr für die Bewachung der Garderobe entrichtete. Reiche Römer ließen ihre Sachen von einem mitgebrachten Sklaven bewachen. Es wurde nackt gebadet. Die einzige Ausstattung bestand in einem Badetuch und Holzpantinen zum Schutz auf dem heißen Fußboden.

Im Frigidarium, dem Kaltbaderaum, reinigte der Badende sich zunächst, dann ging es zur Akklimatisierung ins Tepidarium bei 20° bis 25° Celsius Wärme, wo man sich massieren und ölen lassen konnte.

kastelle ist in Aalen zu erkunden.

Auch das Alltagsleben der Römer hinterließ Spuren. Errungenschaften und Gewohnheiten ihrer hoch entwickelten Zivilisation, die sie aus ihrer Heimat kannten und auf die sie ungern verzichten wollten, brachten sie mit.

Das Badewesen der Römer gehört ganz wesentlich dazu. Jede Grenztruppe baute ihr eigenes Badegebäude, und in den großen Städten bildeten große Thermen feste Bestandteile öffentlicher Bauten. Der Name Caracalla ruft heute weniger die Assoziation eines römischen Feldherrn und Kaisers hervor als vielmehr „wellness", Entspannung und gesundheitliches Wohlbefinden etwa in den luxuriösen Caracalla-Thermen in Baden-Baden. Bad Cannstatt am Neckar bedeutet für die Bevölkerung der Region Stuttgart die „Kur vor der Haustür" mit zahlreichen Mineralquellen und Badeanstalten, deren Anwendungsbereiche Erkrankungen des rheumatischen Formenkreises, der Haut und des Magen-Darm-Traktes umfassen.

Von den Römern erprobt: Heilende Mineralquellen und lukrativer Weinbau

Weit beliebter als so mancher Sauerbrunnen für mehr oder weniger nützliche Trinkkuren dürfte sicherlich ein ganz anderes Geschenk der Römer sein: der Weinbau. Er sollte in späteren Jahrhunderten nicht nur zum Eigenart und Geselligkeit der Württemberger bestimmenden Genussmittel werden, sondern über Jahrhunderte hinweg zu einem der wichtigsten Wirtschaftsfaktoren und begehrtesten Handelsprodukte im bis weit ins 19. Jahrhundert hinein landwirtschaftlich bestimmten, rohstoffarmen Agrar-

Mit dem Caldarium betrat der Badende den zentralen Raum des Bades, dessen klare Atmosphäre bei einer Temperatur von 50° Celsius besonders geschätzt war. Man setzte sich zu den anderen Badegästen in das heiße Wasser in Gemeinschaftswannen und ließ sich heiße Güsse verabreichen.
Beliebt bei Männern, welche sich abhärten wollten, wie zum Beispiel bei Soldaten, war das Schwitzbad. Dieses Sudatorium wurde entweder durch Fußboden- und Wandheizung aufgeheizt oder durch Kohlebecken, die unter einer Kuppel mit einem Spiegel standen, der die Feuerhitze zurückwarf.
Den Abschluss des Bades bildete ein Aufenthalt im mit Mosaiken und Wandmalereien besonders schön geschmückten Frigidarium, dem Kaltbad, an welches in größeren Bädern ein Schwimmbecken angeschlossen war. Hier traf man sich zu Unterhaltung und Spiel. In großen Badeanlagen gab es noch Gymnastik- und Spielhallen, Solarien, Salbräume, ärztliche Ambulatorien, Läden und Getränketheken. Die Arbeit in den Bädern wurde von „servi publici" verrichtet, das heißt Sklaven der öffentlichen Hand, die einem Bademeister unterstellt waren. Da gab es Heizer, Masseure, Friseure und Enthaarer, die unerwünschte Körperhaare auszupften und viele andere Badebedienstete, aber auch Ärzte.

Nach dem Niedergang des Römischen Reiches schien über Jahrhunderte hinweg in den Ländern nördlich der Alpen diese hohe Badekultur in Vergessenheit geraten zu sein. Verglichen mit der ausgereiften Technik des antiken Badewesens muten die mittelalterlichen Badstuben geradezu primitiv an. Und

land Württemberg werden.
In der Mitte des 3. Jahrhunderts wurde der Drang der einstigen Weltmacht Rom, ganz Germanien bis zur Elbe hin in das Römische Reich einzugliedern, durch das Eindringen der germanischen „Barbarenstämme" zunichte gemacht. Letzte Versuche, das Weltreich zu retten, bestanden in der vermeintlichen Sicherung der Reichsgrenze durch den Limes.

Rekonstruktion eines hölzernen Limesturms mit Palisade in Rainau/ Ostalbkreis.

dennoch spielten sie im Leben vor allem der mittelalterlichen Städte eine wichtige Rolle. Jede Stadt hatte ein Badhaus, manche sogar mehrere. Vergleicht man sie allerdings mit dem Komfort und dem technischen Luxus römischer Bäder, so fallen sie eher bescheiden aus.

Das mittelalterliche Badhaus

Von großen Schwimmbecken, Fußboden- oder gar Wandheizungen keine Spur. Die Inneneinrichtung bestand aus Holz, Badezuber, Wasserkübel für kalte und warme Aufgüsse, allenfalls der Ofen konnte ein wenig verziert sein.

Im Schwitzbad wurden erhitzte Steine mit kaltem Wasser aufgegossen, um Dampf und Hitze zu erzeugen. Da der Bedarf an Holz sehr groß war, gliederte man vielerorts die Badstuben an Bäckereien oder Ziegeleien an, um zu sparen. Die Holzbeschaffung aus den umliegenden Wäldern wurde vom Förster streng überwacht. In den engen Gassen mittelalterlicher Städte erwies sich allerdings die Feuergefahr als übergroß und so lagen die Badhäuser möglichst an Stellen, wo sie andere Gebäudekomplexe wenig beeinträchtigten, wie zum Beispiel an der Stadtmauer oder beim Stadttor.

Die Leitung und Überwachung des gesamten Badebetriebes oblag dem Bader. Seine Pflichten und Aufgaben wurden streng in Badeordnungen festgelegt und er hatte das Bad von der Stadt oder seinem Lehnsherrn gepachtet oder gemietet. Der Bader hatte für Ordnung zu sorgen und Händel oder Streit, aber auch Personen mit ansteckenden Krankheiten der Obrigkeit anzuzeigen.

Weil das Badhaus als so genannter „befriedeter Ort" galt, genoss der Badende in ihm eine Art Asylrecht. Sollte er unter dem Verdacht eines Verbrechens stehen, so durfte er nicht im Badhaus, sondern nach vollendetem Bad erst draußen verhaftet werden.

Die Verabreichung eines Bades galt als besondere Wohltat, und so wie man heute bei verschiedenen Anlässen Trinkgeld gibt, gab man früher oft ein „Badgeld" demjenigen, der einen besonders gut bedient oder einem einen Gefallen getan hatte, damit er sich ein Bad leisten konnte. Auch beim „Herbsten" im Weinberg spendierte der Weinbergbesitzer – oft war dies auch ein Kloster – den Arbeitern und Helfern samt ihren Frauen ein „Freibad" mit Badestubentrunk.

„Badgeld"

Eine besondere gesundheitsfördernde Wirkung schrieb man dem Bad am Johannistag im Juni zu. Es dauerte den ganzen Tag, man aß, trank und spielte dabei und es ging wohl auch recht ausgelassen zu. Die württembergische Regierung allerdings schien kein besonderes Verständnis für derlei „kraftspendende" Volksvergnügen aufgebracht zu haben. Vielleicht verführte das in jeder Hinsicht stärkende Gemeinschaftserlebnis ja so manchen fleißigen Untertan hin und wieder auch zu aufmüpfigen Gedanken gegen die Obrigkeit. Diese jedenfalls verbot kurzerhand die beliebten „Johannisbäder" in einer Verordnung vom 29. Juni 1659.

Zur Körperreinigung benutzten nur sehr vornehme und reiche Leute Seife. Im Normalfall hielt der Bader Lauge bereit, die aus Holzasche gewonnen wurde und über einem Tuch mit Wasser übergossen wurde. In der abgeseihten Laugenbrühe wurde auch Wäsche eingeweicht und gewaschen.

Kaiserthermen Trier: Ansicht des Tepidariums (temperierter Abkühlraum).

Bader und Wundärzte

Dem Bader und seinen Gehilfen, dem Scherer für Bart- und Haarschneiden, der Reibermagd zum Schrubben und Abreiben des Körpers und dem Bearbeiten mit Birken- oder Eichenquasten, dem Schröpfer zum Aufsetzen der Schröpfköpfe und, wenn diese qualifizierte Aufgabe der Bader selbst nicht übernahm, dem Aderlasser zum teuren Aderlassen – ihnen allen oblag in manchen kleineren Städten fast die gesamte öffentliche Gesundheitspflege, die erste Hilfe bei Unglücksfällen, die Wundversorgung, Behandlung von Beinbrüchen, das Zähneziehen, die Leichenschau und vieles andere mehr. Was heute zum Tätigkeitsfeld des Chirurgen gehört, wurde über Jahrhunderte hinweg vom Bader oder Wundarzt, oft in einer Person vereint, übernommen. Die wenigen studierten Ärzte machten sich die Hände nicht schmutzig, arbeiteten lieber als Internisten und waren obendrein für die Normalbevölkerung viel zu teuer. Ein Überbleibsel aus der Bader- und Wundarztzeit ist noch heute die gemeinsame Zuständigkeit der gleichen Berufsgenossenschaft für Chirurgen und Friseure.

Erstaunlicherweise gehörte der eigentlich unentbehrliche Berufsstand der Bader und Wundärzte so wie zum Beispiel auch derjenige der Henker und der Huren lange Zeit zu den so genannten „unehrenhaften" Berufen, deren Angehörige als „verfemt" galten. Ihre Familien wurden von der übrigen „ehrenhaften" Gesellschaft gemieden und ihre Kinder durften keine „ehrbaren" Berufe ergreifen oder Mitglieder von Handwerkszünften werden.

Auch im Mittelalter stand die bloße Körperreinigung nicht allein im Vordergrund des Badewesens. Die Menschen suchten Entspannung, aber auch Vergnügen und Unterhaltung. So hielt man den Badebetrieb vornehmlich an Markttagen ab.

Schankrecht in der Badstube

Viele Badestuben besaßen auch ein Schankrecht, es wurden Speisen verabreicht und von der Baderin oder den Gehilfinnen des Baders durfte der Badegast meist auch andere Dienste als Schrubben des Rückens oder die Verabreichung von Kräutertränken und Abgüssen erwarten. Die Grenze zwischen Badestube und Bordell verlief oft fließend. Für Sonderwünsche der Badegäste standen meist zwei oder drei leichte Mädchen zur Verfügung. Der Schritt vom Badehaus zum Frauenhaus, wie die Bordelle in den mittelalterlichen deutschen Städten genannt wurden, war ein kleiner. Oft übte der Bader auch die Funktion des so genannten „Frauenwirts" aus.

Frauenhäuser im Spätmittelalter und in der Frühen Neuzeit

Ordnungspolitischer Nutzen der Bordelle

Unterstanden die Frauen, die in den Städten der käuflichen Liebe nachgingen, anfangs noch dem Henker, so besserte sich ihr Status mit der Gründung von Frauenhäusern durch städtische oder landesherrliche Institutionen zunehmend. Mit der Verstädterung Mitteleuropas wandelte sich die Prostitution bis in die frühe Neuzeit hinein mehr und mehr von einem ambulanten zu einem städtischen Gewerbe. Die Obrigkeit erkannte einen gewissen ordnungspolitischen Nutzen in den offiziellen städtischen Bordellen. Überall wurden Frauenhäuser eingerichtet, ja man kann das 15. Jahrhundert auch als „Jahrhundert der Bordelle" bezeichnen.

Während in den antiken Stadtrepubliken Bordelle staatlicherseits auch mit dem Ziel gefördert wurden, die viel verbreitete „Knabenliebe" einzudämmen, ist dieser Hintergrund im europäischen frühen Mittelalter und auch später nirgends zu entdecken. Zwar gab es besonders im kirchlichen Bereich immer wieder Versuche, homophile Praktiken zu unterdrücken. So empfehlen auch die Regeln des heiligen Benedikt den Mönchen ausdrücklich alleine zu schlafen, nachts eine Lampe im Schlafsaal brennen zu lassen und junge Mönche nicht in Betten nebeneinander schlafen zu lassen, doch als Papst Leo IX. in der Mitte des 11. Jahrhunderts aufgefordert wurde, homophile Priester und Mönche aus der Kirche auszuschließen, weigerte er sich. Man tolerierte eben dieses „schöne Laster", wie man es damals nannte – auch in Frauenklöstern.

Frauenhäuser in Württemberg

Doch zurück zu anderen Frauenhäusern, womit man Jahrhunderte lang die Freudenhäuser oder Bordelle bezeichnete, in denen Huren, damals auch „Hübschlerinnen" genannt, arbeiteten.
Das Frauenhaus in Heilbronn wurde 1365 gegründet, weitere entstanden 1408 in Nördlingen, 1409 in Esslingen, 1411 in Stuttgart, 1428 in Reutlingen, 1433 in Schwäbisch Hall und 1434 in Ulm, um nur einige der damals wichtigsten Städte in Württemberg aufzuzählen. Die meisten Frauenhäuser standen zwar innerhalb der Stadtmauer, doch am Rande der Stadt, auf Französisch „au bord de la ville", daher der Name „Bordell", zum Beispiel in der Nähe vom gefährlichen Pulverturm, wo andere Bürger ungern ein Haus bauen woll-

ten, oder in der Nachbarschaft vom Henker, Totengräber, Färber oder dem stinkenden Gewerbe der Gerber.
In einem Frauenhaus lebten im Allgemeinen sechs bis zehn Prostituierte, in den großen Städten gab es größere oder mehrere Frauenhäuser. Eines der größten Frauenhäuser befand sich in Nürnberg, wo 26 Dirnen arbeiteten und lebten.

„Sündengeld"

Dass die Städte kein direktes finanzielles Profitinteresse an ihren Frauenhäusern hatten, zeigt sich daran, dass der in den Frauenhäusern erzielte Gewinn zur Instandhaltung und zum Unterhalt der Häuser selbst verwendet wurde, allenfalls noch für Almosen, denn durch Prostitution erworbenes Geld galt als „Sündengeld". Die erst in der zweiten Hälfte des 20. Jahrhunderts speziell in Württemberg getroffene Regelung, Erträge aus staatlichen Lotterien und Spielbanken, also ebenfalls „Sündengelder", für einen „guten Zweck", nämlich in die Kunst-, Sport- und Denkmalpflege zu stecken, lässt grüßen!

Soziale Stellung der Dirnen

Die Prostituierten der Frauenhäuser waren, obgleich wie Bader und Henker den verfemten Berufsgruppen zugeordnet und nicht im Besitz des Bürgerrechtes, dennoch in das städtische Gemeinwesen weitgehend integriert und nahmen auch an Festen und Prozessionen teil, ja gehörten mancherorts zu der offiziellen Empfangsdelegation für besondere Ehrengäste wie zum Beispiel beim Besuch des Königs oder Kaisers.
Dennoch waren sie stigmatisiert, allein schon durch die Kleidung, die sie tragen mussten. So mussten sie in manchen Städten einen gelben Fleck (!) an ihrer Kleidung haben, meistens jedoch waren sie an den bunten Bändern, die sie an der Schulter trugen, erkennbar. Die Haube oder den Schleier einer ehrbaren Frau durften sie nicht aufsetzen.

Die Dirne eines Frauenhauses hatte nicht das Recht einen Freier abzulehnen. Fast immer kamen diese Frauen aus armen Verhältnissen, nicht selten wurden sie von einem Frauenhändler, dem Ruffian, vom Land mit dem Versprechen abgeworben, als Dienstmädchen in der Stadt Arbeit zu bekommen. Darauf stand für den Ruffian zwar Strafe, doch es kam trotzdem häufig vor. Ihr Dienstherr stellte sich dann aber als Frauenwirt heraus, dem die Dirnen eines Frauenhauses unterstanden und der für Ordnung zu sorgen hatte, die Frauen mit einem Zimmer, Nahrung und Kleidung versorgen musste und nach außen und oft vor Gericht ihre Rechte vertrat.

Der Frauenwirt als Dienstherr der Dirnen

Der Frauenwirt bewirtete die Gäste auch mit Speisen und Getränken. Allgemeiner Usus war es, jedes vierte bestellte Glas Wein oder jeden vierten bestellten Krug Bier nicht zu servieren, sondern den animierenden Dirnen zuzuschreiben. Reich wurde eine Frauenhäuslerin selten. Einige wenige gelangten zwar zu Wohlstand, doch das war eher die Ausnahme und meist auf einen großzügigen Gönner zurückzuführen, nicht auf ihre „normale" Arbeit. Oft hatten die Frauen sogar Schulden beim Frauenwirt, der ihnen beispielsweise Kleidung für den Beginn ihrer Arbeit als Dirne beschafft hatte, als sie noch kein Geld dafür hatten, oder sie waren ihm Ausfallzeiten wegen Krankheit oder den Kauf

von nötigen Medikamenten schuldig.
Wie anderen Bedürftigen auch standen den Dirnen die städtischen und kirchlichen Pflegeeinrichtungen im Notfall bei Krankheit oder im Alter offen – für eine eigene Altersvorsorge reichte ihr Verdienst selten. Die meisten Dirnen fielen, waren sie einmal „verblüht", der Armut und dem Bettelstab anheim. Die „Besten" wurden im Alter zu Leiterinnen konzessionierter Privatbordelle oder, ganz selten, sie wurden selbst Frauenwirtinnen.

In den meisten Fällen war diese recht einträgliche Position von Männern besetzt. Diese kamen fast immer aus einer niedrigen gesellschaftlichen Stellung und hatten ein schlechtes Ansehen in der bürgerlichen Gesellschaft. Sie unterlagen vielen Einschränkungen und Pflichten, hatten viele Reibereien mit den Insassinnen der Frauenhäuser ebenso wie mit den Kunden und der städtischen Obrigkeit. Allerlei dunkle Gestalten, die sich im Milieu bewegten, brachten den Frauenwirt immer wieder mit kriminellen Machenschaften in Berührung und es gab eigentlich nur einen Grund, der aufreibenden Tätigkeit eines Frauenwirts nachzugehen: Die Möglichkeit, in kurzer Zeit möglichst viel Geld zu verdienen. Ein Drittel der Einkünfte der Dirnen standen dem Frauenwirt zu.
Zwar war ein Bordellbesuch nicht ganz billig, aber für einen dauernd beschäftigten, jenseits der Armutsgrenze lebenden Mann durchaus erschwinglich. Drei Pfennige kostete der Besuch bei einer Prostituierten, für einen „Schlafmann" fünf Pfennige, also weniger als ein Pfund Käse oder ein Pfund Schmalz, ungefähr gleich viel wie ein Pfund Fleisch. Ein Handwerksgeselle musste also für einen Bordellbesuch etwa drei Stunden arbeiten. Und zur Befriedigung der Bedürfnisse der zahlreichen oft auswärtigen Gesellen waren die Frauenhäuser hauptsächlich gedacht, damit die Unschuld der eigenen Bürgerstöchter eher gewahrt bleiben möge. Zum Vergleich sei der Verdienst eines Tagelöhners in Nürnberg angeführt: er verdiente pro Tag acht bis neun Pfennige, ein Geselle hingegen 16 bis 20 Pfennige.

Der Frauenhausbesuch galt als regelmäßiger Bestandteil der Freizeitkultur vorwiegend unverheirateter junger Männer. Sie suchten Geselligkeit, Unterhaltung und Befriedigung ihrer sexuellen Bedürfnisse. Bedenkt man das späte Heiratsalter der Männer – meist waren sie schon über 30 Jahre alt, bis sie die nötige Heiratserlaubnis, das heißt genügend Geld angespart hatten –, so war die Einrichtung von Freudenhäusern also aus der Sicht der Obrigkeit durchaus vernünftig.

An kirchlichen Feiertagen und den Abenden zuvor, zum Teil auch in der Fastenzeit, waren die Frauenhäuser geschlossen. Zuwiderhandlungen hatten für den Frauenhausbesucher den Verweis aus der Stadt und für den Frauenwirt hohe Geldstrafen zur Folge.
Ehemännern war wegen des Deliktes des Ehebruchs offiziell der Frauenhausbesuch verboten. Doch viele betrachteten den Verkehr mit einer Dirne gar nicht als Ehebruch. Auch Geistlichen war es verboten, ein Bordell aufzusuchen, und Juden waren ebenfalls ausgeschlossen, da der Geschlechtsverkehr zwi-

schen Juden und Christen als eine Form der Ketzerei galt.

Das geregelte Leben in den Frauenhäusern, die bei allen Einschränkungen den Frauen zumindest einen gewissen Schutz geboten hatten, nahm als eine Auswirkung der Reformation im 16. Jahrhundert ein Ende. Immer mehr Frauenhäuser wurden geschlossen, da sie einen Verstoß gegen das reformatorische Gesellschaftskonzept bedeuteten, das ein gottgefälliges Leben aller hier auf Erden forderte – zumindest im sichtbaren Bereich.

Das älteste Gewerbe der Welt, wie die Prostitution oft bezeichnet wird, als sei sie beinahe gottgegeben, gab es jedoch auch weiterhin und ohne die Akzeptanz der Frauenhäuser, in denen die Frauen auch vor Gewalt geschützt waren. Misshandlung, Verletzung oder Vergewaltigung waren in den Frauenhäusern schwer bestraft worden. Die Dirnen wurden nun jedoch in den Untergrund gedrängt und mehr und mehr kriminalisiert. Ihr Leben hatte sich verschlechtert.

Niedergang der öffentlichen Badstuben im 17. Jahrhundert

Die öffentlichen Badstuben spielten bis ins 17. Jahrhundert hinein eine wichtige Rolle im Alltagsleben der Menschen, dann sind überall Schließungen und Verbote zu verzeichnen. Für den Niedergang der Badestuben sind weniger die häufig kritisierten moralischen Missstände und angeblicher Sittenverfall verantwortlich, als vielmehr der Glaube, man könne sich in den Badstuben mit den vermehrt grassierenden Geschlechtskrankheiten, die Europa mit ihren furchtbaren Folgen seuchenartig überzogen, infizieren.

Syphilis und andere Geschlechtskrankheiten

Unter den verschiedenen Geschlechtskrankheiten wie Gonorrhö, Schanker, Lues, also Infektionskrankheiten, deren Erreger meist beim Geschlechtsverkehr übertragen wurden und derer man heute mit Antibiotika Herr werden kann, – Aids ist für damalige Zeiten nicht nachweisbar –, galt die Syphilis als die meistgefürchtete. Ihren Weg durch Europa begann die „Lustseuche" in den Neunzigerjahren des 15. Jahrhunderts mit dem 30.000 Mann starken Söldnerheer Karls VIII. von Frankreich. Die Zeitgenossen glaubten, die Syphilis sei von den Matrosen des Christoph Kolumbus aus Westindien eingeschleppt worden. Fest steht, dass sich viele wohl infizierte Seeleute in das französische Heer Karls VIII. anheuern ließen. Bei ihrem Ausbruch wurde die Syphilis daher als „Franzosenkrankheit" bezeichnet. Bald benannte sie jede Nation nach ihrem Nachbarland, wo die gefürchtete Krankheit offensichtlich herkam. So hieß sie in Polen die „deutsche Krankheit", in Russland die „polnische Seuche".

Zu Beginn starben die Menschen schnell an der Krankheit. Später verlief sie langsamer und konnte sich über Jahre hinwegstrecken. Kinder von infizierten Müttern kamen schon krank auf die Welt.

Mit Fieber, Kopf- und Gliederschmerzen sowie nässendem Hautausschlag begann sie, die Lymphknoten, die zu stinkenden Geschwüren wachsen konnten, schwollen schmerzhaft an, Haare und Nägel fielen aus, die Schleimhäute wurden zum Teil so stark angegriffen, dass sich Geschwüre bis in die Gehörgänge hinein fraßen und zur Taubheit

Blick in eine spätmittelalterliche Badstube.

des Patienten führten. Die Augen waren oft bis zur Blindheit betroffen, die Gehirnhäute bis zu Lähmungen und spastischen Krämpfen. Über „Speichelfluss und Gliederzucken/ Knochendarre in dem Rücken" klagte im 19. Jahrhundert der erkrankte Dichter Heinrich Heine, der in seinen Gedichten „Aus der Matratzengruft" in erschütternden Worten von den Qualen der Kranken kündet.

Die Patienten konnten ihre Schmerzen oft

nicht einmal mit großen Opiumgaben lindern. Die Ärzte standen, damals noch nicht im Besitz von Antibiotika, machtlos davor. Allenfalls Quecksilberkuren schienen Linderung zu versprechen. Der Ausdruck „Quacksalber" bezog sich anfangs nur auf die Ärzte, die Syphilis mit Quecksilber-Schmierkuren behandelten. Es waren durchaus ernst zu nehmende Mediziner, wie auch der berühmte Paracelsus, die sich damit beschäftigten.

Die Tatsache, dass sich die Leute damals auch in den Badstuben infizierten, lag jedoch weniger an der Institution Badstube oder etwaiger mangelnder Hygiene, sondern an der Gewohnheit vieler Besucher, sich mit der einen oder anderen Bademagd intim zu vergnügen, wofür eigens abgetrennte Kämmerchen zur Verfügung standen.

Wirtschaftliche Gründe

Auch wirtschaftliche Gründe mögen zum Niedergang der Badstuben beigetragen haben. In der Folge des Dreißigjährigen Krieges war es durch Waldverwüstungen und mangelnde Waldpflege auch zu Brennstoffmangel gekommen und manchen verwüsteten und ausgehungerten Städten kam es schlicht zu teuer, öffentliche Badstuben zu beheizen. Eine Jahrhunderte lang gepflegte Einrichtung der Körperkultur und der Geselligkeit war mit dem Verfall der Badstuben in Vergessenheit geraten.

Die neue Sauberkeit

Nach der Reformation ändert sich die Einstellung zum eigenen Körper

Im Zuge der Reformation änderte sich auch die Einstellung des Bürgers zum eigenen Körper. Jegliche weltliche Sinneslust, und dazu zählte u. a. auch das Badevergnügen und Verwöhnen des Körpers, galt bald als verpönt. Das Konzil von Trient (1545-63) verhängte sogar ein kirchliches Badeverbot!

Dass daraus noch im 18. Jahrhundert vor allem in der Oberschicht und damit im Adel und bei Hofe der Schluss gezogen wurde, es sei schädlich, sich überhaupt mit Wasser zu waschen, und dass die Menschen ausschließlich die so genannte „Trockenreinigung" durch Abreiben des Körpers mit sauberen Tüchern oder mit Alkohol, mithilfe von Puder, Parfüm oder Pomade betrieben hätten, sollte in der bei nahezu allen gegenwärtigen Schlossführungen gepflegten Rigorosität und Allgemeingültigkeit tunlichst bezweifelt werden. Vielleicht sollte man zur Korrektur einmal beim Weltmann Casanova nachlesen. Hier ist von ausführlichen Säuberungsprozeduren und regelrechten, durchaus auch erotisch angehauchten Körperreinigungsritualen die Rede, die gewiss nicht nur Ausnahmen gebildet haben dürften.

Baden im 18. Jahrhundert

Das einfache Volk, vor allem die ländliche Bevölkerung, hatte ohnehin eine unbeschwertere Einstellung zum eigenen Körper, und das Baden im Fluss oder nahe gelegenen Bach gehörte zur Selbstverständlichkeit. Vor allem die Jugend auf dem Land gönnte sich je nach Jahreszeit ein Bad im Fluss oder See, wohingegen in den Häusern ein Badezuber in der Küche oder in der Waschküche vorwiegend samstags für die ganze Familie mit auf dem Herd gewärmtem Wasser aufgestellt wurde. In vornehmeren Häusern war das von den Bediensteten angerichtete Bad zweifellos ein häufiger gepflegter Luxus, und sogar schon auf mittelalterlichen Burgen oder in vornehmen Klöstern empfing man einen Ehrengast mit einem erfrischenden Bad, in kargeren Zeiten zumindest mit einem lindernden Fußbad. Zur täglichen Körperreinigung genügte bis weit ins 20. Jahrhundert hinein die Waschschüssel und der obligatorische Krug mit frischem Wasser.

Zinkwanne und Dusche

Im 19. Jahrhundert begannen Kupfer-, Bronze- und Zinkwannen die schweren Holzzuber für das Bad zu verdrängen. In den wenigen betuchten Haushalten gab es eine fein verzinkte „Volksbadewanne", auch als Sitzbadewanne. Diese konnte in einer Ecke oder im Keller verstaut und samstags zum Familienbad aufgestellt werden. Die wenigsten Häuser hatten bis zur Mitte des 20. Jahrhunderts ein eigenes Badezimmer.

Das Duschen, bereits im Mittelalter zu medizinischen Zwecken als „Aufgüsse" verwendet, kam erst ab ca. 1850 auf, zunächst als zweckmäßige Einrichtung für die Massenreinigung in den Kasernen des Militärs. Als rund 100 Jahre später die verstellbare Brausestange erfunden wurde, die man an die Badewanne montierte, begann das Duschen seinen Einzug in die selbstverständlichen Alltagsgewohnheiten der Körperpflege zu halten.

Das Wäschewaschen

Seife bedeutete zunächst ein seltenes und teures Luxusstück. Die einfachen Leute wuschen sich allenfalls mit grober Kernseife, welche sie dann auch fürs Wäschewachen benutzten.

Die Wäsche weichte man in einer aus Wasser, Seifenschnitzel und Soda gekochten Waschlauge ein und schichtete sie am Tag darauf in den Waschzuber, den man mit heißer Lauge überbrühte. Hartnäckige Flecken kochte man mit Buchenasche aus. Zum Bleichen legte man die Weißwäsche auf der Wiese in die Sonne, mit Kartoffelmehl oder im süddeutschen Raum mit Spätzleswasser stärkte man die Wäsche. Im Mittelalter wusch man Körper wie Wäsche vielfach mit Asche.

Reiben auf dem Waschbrett und Auswringen der Wäsche war, das kann man sich angesichts heutiger Waschmaschinen samt Trockner und chemischer Waschmittel jeglicher Art kaum mehr vorstellen, Schwerstarbeit. Nur ungefähr alle vier bis sechs Wochen wurde gewaschen, und ein Waschtag bedeutete für die Frauen, sei es nun daheim, im Gemeindewaschhaus oder am Fluss, einen anstrengenden „Großkampftag". Erst in den Neunzigerjahren des 19. Jahrhunderts wurde ein Pulverwaschmittel aus kleinen Seifenschnitzeln oder pulverisierter Seife angeboten, das man mit Soda vermischt ins Wasser geben konnte und nicht mehr mühsam auf den Stoff direkt auftragen musste. 1898 fanden Chemiker den geruchslosen Stoff Perborat, der Sauerstoff abgibt und damit eine Bleichwirkung erzielt.

„Persil" als Waschmittel

1907 brachte die Firma Henkel das „Persil" aus **Per**borat und **Sil**ikat auf den Markt, das die Sauerstoffabgabe des Perborats verlangsamt und damit gleichmäßiges Reinigen erlaubt.

Dass die Menschen damals angesichts dieser Mühsal des Wäschewaschens ihre Wäsche weniger häufig wechselten als heutzutage, ist verständlich.

Auch trug man weniger Kleidungsstücke als heute. Das knielange Unterhemd aus Leinen war das wichtigste Kleidungsstück. Bei der ärmeren Bevölkerung ersetzte es, in die Hose

Die wichtigsten Kleidungsstücke

gestopft oder unter dem Rock verschwunden, das Oberhemd oder die Bluse. Erst Ende des 19. Jahrhunderts wurden die Ärmel am Hemd durch breite Träger ersetzt und die Hemden kürzer und enger. Frauen trugen keine Unterhosen. Bei Männern wurden wiederum die Soldaten zu Vorreitern, denen das Tragen von Unterhosen unter ihren Uniformen vorgeschrieben wurde. Erst spät erkannte man Hemd und Unterhose als Wärmeschutz, lange Zeit empfahlen Mediziner diese körpernahen Kleidungsstücke zunächst irrtümlicherweise nur als Schutz gegen Cholera! Entsprechend häufig waren folgerichtig Unterleibserkrankungen und Blasenentzündungen bei Frauen. Zur Monatshygiene benutzten die Frauen Stofffetzen und Tücher, die mit einer Schnur und einer um die Taille geschlungenen Kordel befestigt wurden.

Die Unterhose für Frauen

Die „späte Unterhose" für Frauen war bis zu Beginn des 20. Jahrhunderts im Schritt offen und wurde in der Taille durch eine Schnur zusammengehalten. Von der Gewohnheit vieler Frauen, unter ihren langen, weiten Röcken die Beine auszuspreizen und den Dingen ihren freien Lauf zu lassen, durchaus auch auf öffentlichen Plätzen oder Straßenecken, kommt der Ausdruck „Steh-Brunz-Hose". Dass man sein Geschäft nicht so diskret verrichten konnte wie heute, zumindest in europäischen Verhältnissen, lässt sich überdies leicht erahnen.
Zwar kannte man bereits in der Antike Sitzklosetts, die von einer Wasserrinne gespült wurden, doch spätestens im Mittelalter gingen die Leute wieder ins Gebüsch, hinter die Scheune, auf den Misthaufen oder in den Stall. Es gab die Aborthäuschen außerhalb des Wohnhauses als Plumpsklo, in den Städten Aborterker oder Wandschachtabtritte als Nischen in der Außenwand der Häuser, mit Abortgruben oder Senkgruben. Von so genannten „Heimlichkeitskehrern", armen Tagelöhnern, wurden die Fäkaliengruben in den Städten von Zeit zu Zeit gereinigt, wofür die Einwohner in der Regel ein Entgeld bezahlen mussten.
Das Wasserklosett wurde schon 1589 in England „erfunden", jedoch erst im 18. Jahrhundert weiterentwickelt; es setzte sich zuerst in Frankreich durch. Mit dem Bau von Kanalisationsanlagen gelangte es dann in einen größeren Teil von Haushalten.

Obgleich schon die Römer in ihren Städten fortschrittliche Kanalisationssysteme besaßen, sorgte man in der Neuzeit in den Städten erst dann für Kanalisationsanlagen, nachdem man durch die verheerenden, todbringenden Choleraepidemien im 19. Jahrhundert die Zusammenhänge zwischen sauberem Wasser und Gesundheit beziehungsweise der Seuchenverbreitung bei verschmutztem Wasser erkannt hatte.

Alemannische Landnahme und Eroberung durch die Franken

Germanische Völker bedrohen die Römer

Ob der Anlass Übervölkerung und Hungersnot, Druck nicht germanischer östlicher Völker oder die Lockungen der relativ wohlhabenden Gebiete des Römischen Reiches war, lässt sich heute nicht mehr mit Sicherheit sagen. Fest steht, dass germanische Völker zunehmend die nördlichen Grenzen des Römischen Reiches und damit die am Limes lebende Bevölkerung bedrohten. Ergebnis zahlreicher Scharmützel und veritabler Schlachten zwischen Römern und Alemannen, einem der fähigsten Germanenstämme, ist einerseits der allmähliche Rückzug der Römer bis ins 5. Jahrhundert hinein, andererseits die friedliche Durchdringung der von der römischen Zivilisation geprägten Bevölkerung im südwestdeutschen Raum mit alemannischer Bevölkerung. Die Alemannen konnten sich im größten Teil des späteren Württemberg samt Hohenzollern, im südlichen Baden, im Elsass, der deutschsprachigen Schweiz, in Vorarlberg und im heutigen bayerischen Schwaben behaupten. Ab dem 6. Jahrhundert wurden sie dem Frankenreich einverleibt.

Eindrucksvolle Fundstücke aus Alemannengräbern

Aus der Alemannenzeit sind uns zahlreiche freigelegte Gräberfelder mit eindrucksvollen Fundstücken überliefert, welche von der Hochachtung jener Menschen ihren Verstorbenen gegenüber Zeugnis ablegen – immer ein Zeichen hoher Kultur einer Zivilisation. Wertvolle Waffen, kostbare Spangenhelme und kunstvoller Frauenschmuck geben Aufschluss über den hohen Stand von Kunst und Handwerk jener Zeit. Auch Schriftzeichen, Runen, waren den Alemannen bekannt, wurden jedoch mit der Annahme des Christentums allmählich durch lateinische Schriftzeichen ersetzt.

Das Alemannenreich fand ein gewaltsames Ende zunächst in der Niederlage gegen den Frankenkönig Chlodwig um 500. Im Jahr 746 wurde sein Schicksal mit einem Massaker an der alemannischen Herrscher-Elite auf der Altenburg bei Cannstatt auf hinterlistige und grausame Weise besiegelt.

Karlmann, der Sohn des Frankenkönigs Karl Martell, hatte die Führungsschicht der Alemannen zu einer Zusammenkunft dort-

Goldblattkreuze aus einem Alemannengrab bei Lauchheim/Ostwürttemberg.

Kloster und Münster in Mittelzell auf der Reichenau in der Barockzeit (Gemälde 1738).

Das Frankenreich bemächtigt sich der Alemannen

hin einberufen und die ahnungslosen Männer hinterrücks ermorden lassen. Durch diese Liquidierung fast des gesamten alemannischen Adels waren die alemannischen Sippen so geschwächt und ebenso führungslos, dass es für den Frankenkönig ein Leichtes war sich in den Besitz der alemannischen Ex-Herrscher zu bringen und das Land als karolingisches Krongut endgültig in das Frankenreich einzugliedern. Herausragend für die Zeit danach bis ins 9. Jahrhundert hinein waren zahlreiche Klostergründungen als Stätten der sich allmählich entwickelnden Wissenschaft und Kunst. Die bedeutendsten entstanden im Umkreis des Bischofssitzes Konstanz, auf der Reichenau und in St. Gallen.

Reichenau erwies sich nicht nur als Stütze der fränkischen Politik, sondern übte mit seiner berühmten Gelehrtenschule auf die Entwicklung der Wissenschaften als ein geistiges Zentrum großen Einfluss im gesamten Reich aus. Bekannt war Reichenau als größte und einflussreichste Malschule des 10. und 11. Jahrhunderts auch für seine Buch- und Monumentalmalerei ebenso wie für seine Goldschmiedekunst.

Die Insel Reichenau als geistiges und kulturelles Zentrum

Die Äbte der Reichenau, die man ohne Zögern zu den geistigen Vätern des Abendlandes zählen darf, fanden Anerkennung und machtvollen Einfluss als Wissenschaftler und Staatsmänner. Man denke nur an den geistreichen Abt Walahfrid Strabo, der nicht nur als Gelehrter und Dichter bekannt wurde, sondern auch als Erzieher am kaiserlichen Hof in Aachen Einfluss nahm, oder an den mit dem Beinamen „der Stammler“ belegten Abt Notker aus St. Gallen, der mit seinen Liedern und Tonschöpfungen die deutsche Musiktradition begründete.

Stadtluft macht frei?

Freie Reichsstädte und ihre Zünfte

Stadt ist nicht gleich Stadt – die Erscheinungsformen der Städte reichen von den Residenzstädten, den Regierungssitzen des jeweiligen Landesherrn – in Württemberg waren dies Urach, Stuttgart und später zeitweilig Ludwigsburg, über Amts- und Oberamtsstädte als Verwaltungs- und Gerichtsmittelpunkte ländlicher Räume bis hin zu den stolzen Reichsstädten.

Gerade in Schwaben, dem Kernland der Städte gründenden Staufer, waren die Reichsstädte besonders zahlreich, und in keinem anderen Teil Deutschlands hat eine solche Anzahl von Reichsstädten ihre Reichsunmittelbarkeit bis in die napoleonische Zeit hinein bewahrt.

Dem Kaiser direkt unterstellt

Über 80 Reichsstädte gab es einmal, davon behielten über 50 ihre Freiheiten bis 1803. 37 davon lagen im deutschen Südwesten.

Reichsstädte waren im so genannten Alten Deutschen Reich, also dem Heiligen Römischen Reich Deutscher Nation, das bis 1806 in die napoleonische Zeit hinein existierte, solche Städte, die unmittelbar dem Kaiser unterstanden, daher auch reichsunmittelbare Städte genannt. Landstädte hingegen unterstanden ihrem Landesherrn. Die Reichsstädte hatten sich im 11./12. Jahrhundert hauptsächlich an den Knotenpunkten wichtiger Handelsstraßen herausgebildet.

Bis heute ist allein im jeweiligen Stadtbild meist ein Unterschied zwischen einer ehema-

Schwaben und Württemberg im Kernland der habsburgischen Weltmacht

Nach der Teilung des Frankenreiches, 843 besiegelt im Vertrag zu Verdun, kam es auch im deutschen Südwesten mehr und mehr zu inneren Fehden, aber auch zu Angriffen äußerer Feinde, sodass die königliche Zentralgewalt der Franken auch dadruch zunehmend geschwächt wurde. Im 10. Jahrhundert bildeten sich Stammesherzogtümer wie Sachsen, Thüringen, Bayern oder Lothringen heraus, und auch das sich nun konstituierende Herzogtum Schwaben gewann zwar unter Schwierigkeiten, da nur wenige Führungskräfte des alemannischen Adels das Massaker von Cannstatt überstanden hatten, aber doch allmählich an Konturen.

Das Herzogtum Schwaben bildet sich heraus

Dieses Herzogtum Schwaben sollte bald eng mit dem Schicksal der Staufer verbunden sein.

Position Schwabens im Investiturstreit

Schwaben als Brücke zwischen den deutschen Landen und Italien war in den folgenden Auseinandersetzungen der europäischen Politik zwischen Papst Gregor VII. und König Heinrich IV. im Investiturstreit, in welchem es um die Machtfrage ging, wer die einflussreichen Bischöfe und Reichsäbte

ligen Reichsstadt und einer einstigen Landstadt zu spüren. Großzügiger erweist sich das Aussehen von Reichsstädten – schon an ihren Häuserfassaden, der Gestaltung von Straßen und Plätzen, oft auch an der Anzahl ihrer manchmal erstaunlich vielen Kirchen und deren Schmuck spürt man den Wohlstand ihrer einstigen Bürger. Ärmlicher und enger hingegen wirken viele einstige Landstädte, weniger städtisch als vielmehr landwirtschaftlich geprägt.

Umfassende Sonderrechte für die Reichsstädte

Wichtig für die Reichsstädte waren ihre Rechte, die ihnen vom Kaiser verliehen wurden: Marktrecht, Münzrecht und die Rechtsprechung über Leben und Tod, das heißt die hohe Gerichtsbarkeit. Für die Städte bedeutete dies Unabhängigkeit von einem Landesherrn, von den Grafen und Herzögen von Württemberg beispielsweise, und da der Kaiser die Reichsstädte vor allem deshalb installiert hatte, um seine eigene Macht als Gegengewicht zu den territorialen Landesherren zu behaupten, war er an der Stärke und dem wirtschaftlichen Gedeihen seiner Reichsstädte sehr interessiert und tat alles, um dies zu ermöglichen. Das heißt, er pfuschte den mit Rechten ausgestatteten aufstrebenden Stadtbürgern so wenig wie möglich in ihr Handwerk, ließ ihnen Freiheiten bei ihrem Handel und in ihren Geldgeschäften. Mit Erfolg, denn meist ging es den Reichsstädtern sehr viel besser als den Bürgern der fürstlichen Landstädte. Reichsstädter waren wohlhabender und weltgewandter als die Bewohner der Landstädte, sie entwickelten im Wissen um ihre Freiheiten ein starkes Selbstbewusstsein und engagierten sich für das Gemeinwohl ihrer Stadt. Unter anderem zeigt sich dies in

Großes Selbstbewusstsein der Reichsstädter

einsetzen dürfe, der Papst oder der König, strategisch begehrt. Der Streit erreichte seinen Höhepunkt bekanntlich mit dem legendären Gang Heinrichs nach Canossa (1077). Auch bei den Konflikten um die kirchliche Reformbewegung, die vom Kloster Cluny im französischen Burgund ausging und auch vom neu gegründeten Kloster Hirsau im Schwarzwald aufgegriffen wurde, spielte das Herzogtum Schwaben eine wichtige Rolle. Hirsau versuchte die Befreiung der Kirche von weltlichem Einfluss und war deshalb gegen die Einsetzung der Bischöfe und Reichsäbte durch den weltlichen König, und auch das Herzogtum Schwaben versuchte unter dem Schutz der Kirche die Macht des Königtums zu brechen, um selbst mehr Eigenständigkeit und Macht zu haben. Gegen den amtierenden König wurde Herzog Rudolf von Schwaben sogar von den auf der Seite des Papstes stehenden deutschen Fürsten zum Gegenkönig ausgerufen. Es kam zu langwierigen und heftigen Kämpfen, während derer Rudolf infolge einer schweren Verwundung starb. Dass er in der Schlacht die rechte Hand verloren hatte, mit der er einst seinem König und jetzigen Gegner den Treueid geschworen hatte, galt den Zeitgenossen als Gottesurteil.

Der Einfluss der Reformen von Cluny in Schwaben

Die Staufer – eine Weltmacht aus Schwaben

In diesen Auseinandersetzungen zwischen König und päpstlich-fürstlicher Partei gelangte das Haus der Staufer in Schwaben zur führenden Macht. Friedrich von Staufen hatte sich eindeutig auf die Seite von König Heinrich IV. gestellt und wurde dafür 1079 von diesem mit dem Herzogtum Schwaben

Stiftungen von Kirchen, Kunstwerken oder Spitälern, und das Stadtbild zeugte bald vom Reichtum seiner Bürger. Gelegentlich kam es vor, dass Reichsstädte vom Kaiser verkauft oder verpfändet wurden. Zunächst regierte in den Reichsstädten ein vom Kaiser beauftragter Vogt oder Schultheiß, bald jedoch beteiligten sich daran die Bürger selbst im Rat, als geschworene Bürger und als Richter. Schon im 13. Jahrhundert hatten sich die gewählten Bürgermeister gegenüber den von oben eingesetzten Schultheißen durchgesetzt.
Die im Rat regierenden Bürger, das Patriziat, kam aus der Oberschicht, denn es gab für ihre Tätigkeit keine Bezahlung, und nur die Reichen oder zumindest Wohlhabenden konnten sich diese zeitaufwendigen, jedoch auch Macht und Einfluss versprechenden Ämter leisten.

belohnt und darüber hinaus mit der Königstochter Agnes vermählt, somit also eng an die Familie des Königs gebunden. In den folgenden politischen Querelen konnte sich Friedrich von Staufen durchsetzen.
Knapp ein halbes Jahrhundert später sollte das Herzogtum Schwaben Schauplatz eines weiteren Kampfes um die Macht im damaligen Deutschen Reich werden. Das aus Oberschwaben stammende Geschlecht der Welfen machte den Staufern die Führung streitig.

Staufer, Welfen und die treuen Weiber von Weinsberg

Im Machtkampf zwischen Staufern und Welfen fand die entscheidende Schlacht 1140 um die Festung Weinsberg bei Heilbronn statt, welche den Staufern den endgültigen Sieg und der Burg die heute noch

Die Burg Hohenstaufen, im 11. Jahrhundert errichtet, war einer der wichtigsten Stützpunkte der Staufer im Herzogtum Schwaben.

Wichtige Reichsstädte in Württemberg

Die größten und bedeutendsten Reichsstädte in Württemberg waren Ulm, Esslingen, Reutlingen, Ravensburg, Rottweil, Schwäbisch Hall, Heilbronn, Biberach und Schwäbisch Gmünd. In der überwiegenden Mehrzahl aller Städte waren Kleinstädte mit höchstens 2000 Einwohnern. Nur wenige mittlere Städte wie Esslingen oder die Residenzstadt Stuttgart hatten bis zu 5000 Einwohner. Als Großstädte mit rund 20.000 Einwohnern galten damals Paris oder London.

Es ist übrigens außerordentlich schwierig, zuverlässige Zahlen über die Gesamtbevölkerung einer mittelalterlichen Stadt zu ermitteln. Wie groß war eigentlich eine mittelalterliche Stadt? Allein die Frage, wer in zeitgenössischen Aussagen oder Schriften wie Steuerlisten oder anderen Berichten überhaupt zur Einwohnerschaft gerechnet wurde, wirft Probleme auf, denn dies wurde unterschiedlich gehandhabt. Fremde, Zugezogene, die jedoch dauerhaft in der Stadt lebten und arbeiteten, Juden und Nichtbürger wurden fast nie dazu gerechnet. Nicht selbst-

lebendige Überlieferung von der „Weibertreu" brachte: Der Sieger, Stauferkönig Konrad III., gewährte den Frauen der Burg freien Abzug mit der Zusage, so viel mitnehmen zu dürfen, wie sie auf ihrem Rücken tragen könnten - eine damals durchaus gängige Form des Umgangs mit Besiegten. Die treuen Weiber jedoch luden nicht etwa Hausrat und andere Besitztümer auf ihren Rücken, sondern schulterten ihre eigenen Männer. Damit retteten sie ihnen Freiheit und Leben. Der überraschte König stand zu seinem Wort und ließ sie gewähren. Diese Geschichte von der Weibertreu gehört ausnahmsweise nicht in das Reich der Sagen, sondern entspricht nachweisbaren historischen Tatsachen.

Die Bedeutung Schwabens als Stammland der Staufer wuchs mit dem Aufstieg des staatsmännisch begabten, persönlichkeitsstarken Kaisers Friedrich I., genannt Barbarossa, und dessen Machtentfaltung bis nach

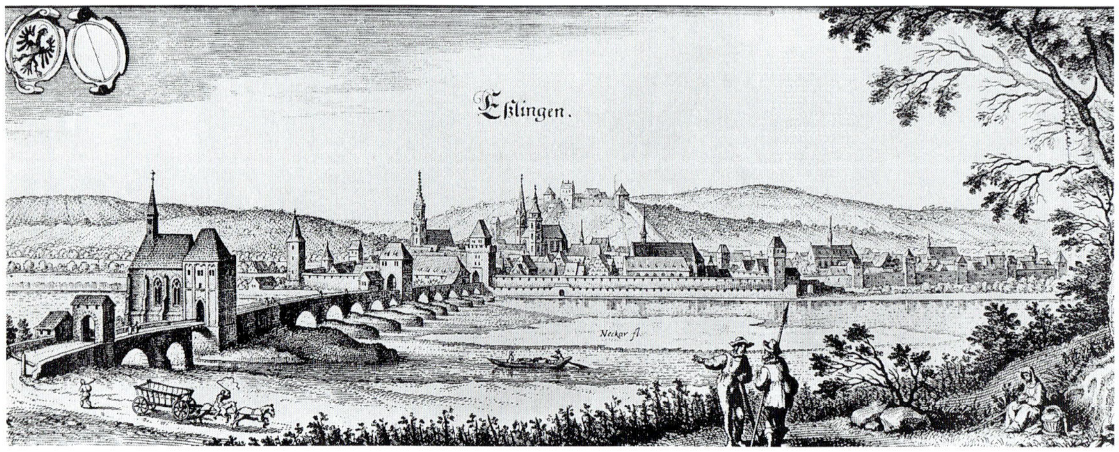

Ansicht der Reichsstadt Esslingen von Matthias Merian (1643).

Die Einwohnerzahl der Reichsstädte – widersprüchliche Angaben

ständige Personen der Haushalte wie Lehrlinge, Knechte und Mägde, oder im Haushalt lebende Verwandte wurden ebenfalls nicht gezählt. Man nimmt an, dass ein mittelalterlicher Haushalt mindestens fünf Köpfe zählte. Es gibt auch Vorschläge, zur Ermittlung der tatsächlichen Einwohnerzahl einer Stadt die Anzahl der steuerpflichtigen Männer mit vier, die der steuerpflichtigen Frauen mit drei zu multiplizieren.

Meistens wurden Haushalte gezählt, nicht Bewohner. So auch in der ersten württembergischen Landesstatistik von 1598, die Herzog Friedrich I. in Auftrag gab.

Witwen und Söhne wurden manchmal mitgezählt, manchmal nicht. Knechte wurden in der einen Stadt mit eingerechnet, in der nächsten wieder nicht, und auch Gaukler oder Bettler gehörten mal dazu, dann wieder nicht. Allgemein herrschte bezüglich solcher Zählungen ein heilloses Durcheinander, sodass man wirklich nie genau sagen kann, wie viele Einwohner eine Stadt oder ein Land nun hatte. Will man eine ungefähre Vorstellung gewinnen, ist man auf Kirchenbücher, geistliche Visitationsbücher oder Steuerlisten angewiesen. Doch auch hier kann es passieren, dass wie im Jahr 1444 für Straßburg die Angabe der Einwohnerzahl lautet: 18.000 und 1000 Kleinkinder. Wann das Kleinkindalter damals begann oder aufhörte, ob Säuglinge dazugehörten oder nicht, lässt sich nicht sagen.

Einen Anhaltspunkt liefern auch die Angaben, wie viele Menschen bei einem Huldigungseid anwesend waren, der für jeden einzelnen Untertan bei jedem Regierungswechsel geleistet werden musste.

Italien. Stütze der staufischen Macht in Schwaben sollten die zahlreichen Städte werden, die von den Staufern gegründet und danach von diesen mit umfangreichen Rechten ausgestattet wurden.

Die Schweizer Eidgenossen erkämpfen ihre Unabhängigkeit

Nach dem Niedergang der Staufer, auf den unter dem Gesichtspunkt der württembergischen Geschichte an dieser Stelle nicht weiter eingegangen werden kann, sprangen neben kleineren Herrschaften vor allem die Habsburger und das langsam aufstrebende Haus Württemberg in das entstandene Machtvakuum. Der habsburgische Süden Schwabens, die Schweiz, löste sich in 200-jährigem Kampf der um Selbstständigkeit ringenden Eidgenossen von den Habsburgern und vom Deutschen Reich. Berühmt wurde in diesem Zusammenhang die Schlacht von Sempach im Jahr 1386, in welcher die zur Eidgenossenschaft zusammengeschlossenen Kantone Uri, Schwyz und Unterwalden den Sieg in ihrem Freiheitskampf davontrugen. Habsburg musste sich auf die nördlichen Besitzungen, das später so genannte Vorderösterreich beschränken. Damit war die Loslösung der Schweiz vom Deutschen Reich eingeleitet und im Westfälischen Frieden 1648 endgültig besiegelt.

Noch lange versuchte Habsburg die Gebiete des ehemaligen Herzogtums Schwaben an sich zu binden, ja im Grunde als Kernland unter Habsburger Führung wieder herzustellen – ohne Erfolg. Habsburg hätte damit nicht nur ein Bollwerk gegen Frankreich in seiner Macht gehabt, sondern auch ein zusammenhängendes Territorium im deutschen Südwesten und eine

Wirtschaftliche Grundlagen der Reichsstädte

Die wirtschaftliche Grundlage der Reichsstädte waren vor allem Handels- und Bankgeschäfte, der Weinbau und Weinhandel, das Salzsieden und der Handel mit dem „weißen Gold" des Mittelalters, dem seltenen und daher wertvollen Salz. Auch das Textilgewerbe, also die Herstellung von und der Handel mit Leder, Flachs, Hanf, Leinen galt als lukrativ. Webereien, Gerbereien, Tuchmachereien blühten. Auch Gold- und Silberschmiede und Gewürzhändler erwiesen sich als erfolgreich. Der Fernhandel unterhielt Filialen in Holland, Frankreich und Spanien, bis nach Oberitalien. Zu einem mächtigen Fernhandelsunternehmen hatten sich Ravensburger Kaufleute in der „Großen Ravensburger Handelsgesellschaft" zusammengeschlossen. Der Erfolg der Reichsstädte war eigentlich nicht zu bremsen. Doch der immer wiederkehrende Ausbruch von Seuchen, insbesondere von Pestepidemien, schwächte die Städte oft schwer und löschte nicht selten das Leben ganzer Stadtviertel aus. Besonders dezimiert wurden die Städte im Dreißigjährigen Krieg. Von den Zerstörungen der Städte, aber auch der Handelswege konnten sich viele Reichsstädte nie mehr erholen. Den endgültigen Todesstoß versetzte ihnen dann der so genannte Reichsdeputationshauptschluss von 1803 durch die damalige „Weltmacht" Napoleon, bei dem die Reichsstädte (wie auch die geistlichen Herrschaften) ihre Unabhängigkeit verloren und zu Amtsstädten degradiert wurden, die von nun ab dem jeweiligen Landesherrn untertan waren. Die Reichsstädte auf württembergischem Boden wurden damit in das in jenen Jahren zum Königreich avancierte Württemberg integriert.

Reichsdeputationshauptschluss 1803

Landbrücke ins habsburgische Burgund.

Württemberg als Störfaktor habsburgischer Machtpolitik

Ausgangspunkt für dieses von Habsburg klug geplante Unterfangen, das sich schließlich nicht zuletzt wegen der Erstarkung Württembergs als nur sehr bruchstückhaft zu verwirklichen erwies, waren die Besitzungen des Hauses Habsburg im Elsass und im Aargau sowie die Grafschaft Hohenberg. Bald sollten ganz Oberschwaben, der Breisgau mit Freiburg, aber auch Städte wie Rottenburg, Horb, Oberndorf /Neckar als österreichische Vorposten zu Habsburg gehören. Mit Herzog Albrecht VI., dem Gründer der Universität Freiburg und zweiten Mann von Mechthild, der Mutter Eberhards im Bart, hatte Vorderösterreich von 1448 - 58 später sogar einen eigenen Regenten im Land! Die vorderösterreichischen Gebiete im deutschen Südwesten blieben kulturell, in Lebensart und im katholischen Glauben eng an das Haus Habsburg gebunden, auch und gerade als in Württemberg mit der Reformation der Protestantismus Einzug hielt.
Neben den Habsburgern arbeiteten sich in jenen Jahrzehnten im Gebiet des ehemaligen Herzogtums Schwaben die Grafen von Württemberg, u.a. Ulrich der Stifter, am mittleren Neckar zu ansehnlichem Besitzstand und wachsendem Einfluss empor.

Zu den ältesten und bedeutendsten Familien im Südwesten, wenn auch an Macht und Einfluss mit Habsburg oder Württemberg auf Dauer nicht vergleichbar, gehörten während der Stauferzeit die Zähringer, deren Nachkommen später als

Für die meisten Bewohner einstiger Reichsstädte kam dies der Katastrophe gleich. Die neue Obrigkeit ging nicht sehr rücksichtsvoll mit den zutiefst gedemütigten Reichsstädten um, die nun mit einem Mal mit ihren Freiheiten auch ihren Stolz, auf jeden Fall ihr Selbstverständnis und ihr Selbstbewusstsein verloren hatten. An vielen Stellen innerhalb der Städte, etwa an den Stadttoren oder über Portalen vom Rathaus und anderen Bürgerbauten, wurden deren Wappen mit dem Reichsadler, dem einstigen Symbol ihrer Reichsunmittelbarkeit und ihrer Freiheit, zerschlagen. Vom Esslinger Bürgermeister Goeschel erzählt man sich, er sei, kurz bevor er dem württembergischen Oberamtmann, seinem neuen Vorgesetzten, die Schlüssel der Stadt übergeben musste, was er als „den schwersten Gang meines Lebens" bezeichnete, vom Schlag gerührt worden und gestorben. Seiner Stadt blieb das Prädikat „die gute Stadt" versagt, ihr Rathaus wurde vom württembergischen Herzog beschlagnahmt und es musste viel Geld an Württemberg bezahlt werden.

Reichsstädtische Zünfte und württembergische Bruderschaften

Mit der Geschichte der Reichsstädte sind auch die Vereinigungen der Handwerker und Kaufleute, die sich sehr effektiv in Zünften oder, wie die im Norden Deutschlands eher gebräuchliche Bezeichnung lautete, in Gilden organisierten, verbunden. Sie gewannen ab dem 12. Jahrhundert in vielen Städten Europas wirtschaftlich, aber auch politisch

Die Zähringer als Städtegründer

Großherzöge von Baden bis 1918 regieren sollten. Sie hatten vom 11. bis 13. Jahrhundert ein zusammenhängendes Territorium auf beiden Seiten des Schwarzwaldes erworben und besaßen nicht zuletzt mit dem Besitz von Zürich, das durch den Italienhandel aufblühte, eine starke wirtschaftliche Position. Auch heute noch sind die Zähringer als herausragende Städtegründer im Bewusstsein verankert: Villingen, Freiburg, Offenburg, Bern und andere mehr zum Beispiel sind Zähringer Städtegründungen. Diese sind durch ihren streng geometrisch gegliederten Grundriss mit zwei großen Querachsen durch die Stadt als Hauptstraßenzüge und an diesen orientierten, geordnet verlaufenden Seitengassen noch heute zu erkennen.

Eine Zweitlinie der Zähringer führte seit 1189 den Titel „Herzöge von Teck" und gründete u.a. die Städte Kirchheim/Teck, Owen und Oberndorf am Neckar. Im 14. Jahrhundert ging ein Großteil ihres Besitzes durch Verkauf oder Verpfändung in württembergischen Besitz über.

Aufstieg der Städte ab dem 13. Jahrhundert

Als dritte wirkliche Macht im ehemaligen Herzogtum Schwaben neben Habsburg und Württemberg kristallisierten sich die Städte heraus, die sich ab dem 13. Jahrhundert zur Selbstbehauptung ihrer Unabhängigkeit in Städtebündnissen zusammenschlossen.

Württemberg machte also nur einen kleinen Teil im weit größeren und mächtigeren Schwaben aus, und es empfiehlt sich zwischen „schwäbisch" und „württembergisch"

Funktion der Zünfte

zunehmend an Bedeutung. Die Zünfte vertraten die Interessen ihrer Mitglieder gegenüber der Herrschaft oder der Regierung und sicherten sich und ihre Familien sozial wie finanziell gegenseitig ab. Die Ausbildung und Ausübung des Handwerks wurde durch die Zunft geregelt und nur ein Zunftmitglied durfte das entsprechende Handwerk oder Gewerbe ausüben. Über 50 zünftige Berufe sind bekannt, und da es mehr Berufszweige als Zünfte gab, schlossen sich oft die kleinen Handwerke den größeren Handwerken an. So gehörten zum Beispiel alle Metallberufe vom Goldschmied bis zum Schlosser zur Schmiedezunft, in größeren Städten gab es so genannte „Herrenzünfte", in denen die Patrizier vertreten waren.

Die Organisationsstruktur der Zünfte

Mit den Zünften wurde das gesamte öffentliche Zusammenleben einer Stadt von den Pflichten zur Verteidigung und Feuerwehr bis hin zu kirchlichen und weltlichen Festen organisiert. Sie waren Grundlage der städtischen Verwaltung, und die städtischen Gremien wurden innerhalb der Zünfte gewählt, wobei die Wahlen recht demokratisch vor sich gingen: Ein Mitglied hatte eine Stimme, jedes Zunftmitglied war gleichberechtigt und konnte seinen Vorstand, das heißt einen Zunftmeister und zwölf Zunftrichter, wählen. Zusammen bildeten sie den Großen Rat, der zu allen wichtigen Entscheidungen einer Stadt wie Krieg oder Steuern einberufen wurde. Die Zunftrichter und Zunftmeister wählten auch den Kleinen Rat und den Bürgermeister mit seinen zwei Stellvertretern. Die jeweils gewählte Stadtregierung und die gesamte Bürgerschaft leistete jedes Jahr am so genannten „Schwörtag", der heute nur

Zunftlade der Esslinger Zünfte von 1659.

Schwaben und Württemberg

korrekt zu trennen. Oft werden die nämlich noch heute irrtümlich die Württemberger mit Schwaben gleichgesetzt, was so nicht stimmt. Schwaben umfasste in seiner Ausdehnung ein Gebiet, zu dem ursprünglich außer dem heutigen Württemberg auch die gesamte deutschsprachige Schweiz und Bayerisch-Schwaben bis nach Augsburg und an den Lech gehörten. Und württembergisch waren, davon wird noch die Rede sein, ab derm Jahr 1397 auch Gebiete, in denen Französisch gesprochen wurde. Einzig für den in den meisten Teilen Württembergs gesprochenen Dialekt ist die Bezeichnung „schwäbisch" korrekt. Doch in Württemberg wurde und wird eben auch Alemannisch oder Hohenlohisch gesprochen!

noch in Ulm und Esslingen begangen wird, einen Eid auf die Verfassung. Dieses Ordnungssystem für das Handwerk und Gewerbe besaß bald europaweit Gültigkeit und bezog sich nicht nur auf die freien Reichsstädte. Erst mit der Einführung der Gewerbefreiheit, in Württemberg 1862, wurden die zünftigen Organisationen aufgelöst, wobei sich manche Sitten, Gebräuche und Feste oft bis heute gehalten haben.

Auch im landesherrschaftlichen Württemberg gab es „das Handwerk" der Küfer, Bäcker, Weingärtner, Schreiner usw., doch man vermied es zunächst tunlichst den Begriff „Zünfte" dafür zu benutzen, um eine Gleichsetzung mit den reichsstädtischen Organisationen zu vermeiden. Sowohl in den Städten als auch auf dem Land gab es hier zünftige Organisationen, denn bäuerliches Gewerbe und städtisches Handwerk wurden nebeneinander betrieben.

Verbindung von Handwerk und Landwirtschaft auf dem Land

Auf dem Land bot der geringe Grundbesitz, über den der einzelne Bauer infolge der hier herrschenden „Realteilung" verfügte, die allen Erbberechtigten den gleichen Anteil zusprach, zu wenig Auskommen, und so war er gezwungen, „nebenher" noch ein Handwerk auszuüben. Im besten Falle hatte ein Metzger als Bauer Viehmast und betrieb Viehhandel, was ihm zu einem schönen Wohlstand verhelfen konnte. Gerade in Württemberg gehörte der Viehhandel zu den bedeutendsten Handelszweigen.

Ihm schlossen sich die vielen Gerber an, Rotgerber zur Herstellung von Leder aus dunklen Häuten wie Rindsleder, Weißgerber zur Bearbeitung von hellen Häuten, die vor allem im klassischen Schafzuchtgebiet auf der Schwäbischen Alb vorkamen.

Zu den Reicheren in einer Stadt oder einem Dorf gehörte auch der Bäcker, der nicht selten dazu ein gut gehendes Gasthaus betrieb.

Mancher kleine Landwirt flickte als Schuster noch „nebenher" Schuhe, um einigermaßen über die Runden zu kommen.

Auf den ersten Blick mag diese „Armut" – man denke hingegen an die reichen Bauern mit ihrem großen Landbesitz beispielsweise in Hohenlohe! – als Nachteil betrachtet werden, doch bewährte sich diese Mischung der Lebensgrundlagen aus dem Handwerk und der Landwirtschaft in Krisenzeiten immer wieder. Mehrere Erwerbsmöglichkeiten zu haben, bot mehr Sicherheit. Und diese Vielseitigkeit, aber auch die dafür erforderliche Ausdauer trug nicht zuletzt dazu bei, dass die Menschen im standortbedingt nicht gerade bevorzugten kleinen Württemberg zu großer Selbstständigkeit und ihrem berühmten „Tüftler- und Erfindungsgeist" fanden.

Bruderschaften als zunftähnliche Vereinigungen

Vorläufer der „Landeszünfte" im Württembergischen im Gegensatz zu den reichsstädtischen Zünften waren die so genannten Bruderschaften, die es nahezu in allen Städten gab und deren bedeutendste in Stuttgart, Urach, Kirchheim/ Teck und Münsingen zu finden waren.

Dabei handelte es sich keineswegs um eine der vielen Laienvereinigungen der damaligen Zeit, die sich zu sozialen Diensten und zum gemeinsamen Gebet trafen, sondern um zunftähnliche Vereinigungen. Ein Relikt religiöser Art mag zwar wie in Leonberg die 1465 in der Gründungsurkunde festgelegte jährliche Versammlung der Männer und Frauen der Bruderschaft „Unserer lieben Frau" am Dienstag nach Pfingsten zu einer Messe mit anschließendem Mahl sein und die Bestimmung, an allen Sonn- und Feiertagen („alle hochzeitlich Tag") am Marienaltar und am Dreikönigsaltar eine Kerze anzuzünden, doch lautete die weitaus wichtigere Auflage, dass jeder, der ein Handwerk betreiben wolle, Mitglied in dieser Bruderschaft zu sein habe. Auch durfte keiner dem anderen einen Knecht, das heißt einen Gesellen ausspannen. Was in den reichsstädtischen Zünften der Zunftmeister war, das entsprach in den Bruderschaften dem Kerzenmeister, was auf seine ursprünglich kirchliche Funktion hinweist. Mit der Einführung der Reformation wurden die Bruderschaften 1535/36 abgeschafft und mit ihrem Vermögen die Armenkästen für staatliche oder städtische Einrichtungen ausgestattet. Die reine Handwerkerorganisation nahm nun zünftige Strukturen an. Als „unzünftig" galten Staatsbedienstete, Bauern und die herzoglichen Hofhandwerker, die als Hofbeamte betrachtet wurden. Auch Berufe, die zu den „freien Künsten" gezählt wurden, wie Apotheker oder Gärtner, gehörten keiner Zunft an.

Die Zunftlade

Die zünftigen Berufe waren in so genannten „Laden" organisiert, benannt nach der Truhe = Lade, in der die wichtigen Dokumente aufbewahrt wurden. Für die Zünfte, die viele Mitglieder hatten, wie Schuster, Schneider, Bäcker, Metzger, gab es in jeder der ungefähr 70 Städte des Landes eine eigene Lade, Goldschmiede oder Zinngießer hingegen hatten nur in den großen Städten Stuttgart, Tübingen oder Urach ihre Lade. Dort befand sich auch die „Hauptlade" der zahlenmäßig großen Handwerke als eine Art Dachorganisation. Auch die Schäfer besaßen eine Lade, zunächst nur in Markgröningen, später auch in Urach, Heidenheim und Wildberg. Die Fischer und Schiffer hatten ihre Lade in Cannstatt. Beide Berufsgruppen rufen sich bis heute jedes Jahr an ihrem Jahrestag durch ihre fachlichen Wettbewerbe, den Schäferlauf und das Fischerstechen, die wie ein Volksfest gefeiert werden, ins Bewusstsein der gesamten Bevölkerung. Für die Beschäftigten der Berg- und Eisenwerke im Schwarzwald wurde eine Lade in Freudenstadt eingerichtet, denn sie hätten mit einer „unzünftigen" Beschäftigung die nötigen auswärtigen Fachleute wie zum Beispiel Eisenschmelzer gar nicht anwerben können. Jede Zunft hatte ein Zunftsiegel, mit dem alle wichtigen Dokumente wie Lehr- und Meisterbriefe, aber auch der Schriftwechsel besiegelt wurden, und ihre Zunftordnung, in der Wahlmodalitäten, Zusammenkünfte, Vorschriften zur Berufsausübung, Lehr- und Gesellenzeit oder das Recht, Meister zu werden, enthalten waren.

Dreijährige Lehrzeit und Aufnahme in die Zunft

Mit 14 Jahren konnte man eine dreijährige Lehre beginnen, jedoch nur, wenn man ehelich geboren war. Auch die „ehrliche" Herkunft war bis zum 18. Jahrhundert Voraussetzung. Das heißt, dass Söhne, deren Väter „unehrliche" Berufe ausübten, wie Totengräber, Stadtknechte, Henker, Nachtwächter u. a. keine Lehre machen durften. Selbstverständlich musste man auch einer christlichen Religion angehören. Das Ende der dreijährigen Lehrzeit, an dem eine Prüfung und die „Lossprechung" vom Meister stand, wurde von den Gesellen mit dem „Aufdingen" begangen. Die frisch gebackenen Gesellen wurden von den „alten" Gesellen mit

Wasser oder Wein übergossen und so getauft, die Schreiner wurden „gehobelt“ und es folgte ein ausgelassenes Fest. Die Gesellenzeit war durch die Wanderschaft von Ort zu Ort, von einem Betrieb zum anderen und somit dem Zugewinn von reichlicher Erfahrung gezeichnet. Zehn bis zwölf Stunden wurde im Sommer, acht bis zehn Stunden im Winter gearbeitet.

Freizeit war nur an Feiertagen vorgesehen. „An Werk- und Schafftagen sollen die Handwerksgesellen ihren Meistern die gebührlichen Stunden arbeiten, und keineswegs ihres eigenen Willens, und Gefallens, zum Wein, zum Gesellen, oder an andere Ort gehen, noch guten Montag machen, bei Strafe des Turms.“ Am „guten“ oder auch „blauen Montag“ trafen sich die Gesellen, um ihre Angelegenheiten zu besprechen oder auch nur zu geselligem Beisammensein. Jeder Geselle hatte sein Arbeitsbuch, später „Wanderbuch“ genannt, mit den entsprechenden „Kundschaften“, der Bestätigung der seitherigen Arbeitgeber, mit sich zu führen. Da fast jede Zunft ihre eigene Zunftherberge oder zumindest eine Zunftstube im Gasthaus hatte, an deren Schild das Zeichen der jeweiligen Zunft erkennbar war, fand sich ein Geselle in der Fremde rasch zurecht.

Bei ordentlichem Lebenslauf und nach Lehre und Wanderschaft war es für einen einheimischen Gesellen nicht allzu schwierig, die Meisterprüfung zu machen. Fremde Gesellen mussten einen einheimischen Meister finden, der sie ein Jahr garantiert weiter beschäftigte, das „Mutjahr“, außerdem mussten sie das Bürgerrecht erwerben. Schwierig wurde es, wenn das entsprechende Handwerk „überbesetzt“ war. Vor der Meisterprüfung musste das Meistergeld bezahlt werden, einheimische Meistersöhne zahlten weniger als fremde Prüflinge. Nach erfolgreicher Abgabe des „Meisterstücks“, bei einem Schuster ein Paar Reitstiefel, ein Paar Männer- und Frauenschuhe mit Absätzen und ein Paar Bauernschuhe, wurde der neue Meister Mitglied der Zunft, durfte jedoch drei Jahre lang noch keine Lehrlinge ausbilden.

Frauen als Mitglied der Zünfte

In vielen Städten waren bis zum 16. Jahrhundert auch Frauen Mitglieder der Zünfte. Dabei gab es die Unterscheidung in typisch männliche und weibliche Berufe und solche, die von beiden ausgeübt werden konnten. So wird in den Zünften der Textilgewerbe wie Weber, Schneider, Gerber ausdrücklich von Meistern und Meisterinnen gesprochen, die Beiträge zahlten, und von Knechten und Mägden, die das Handwerk erlernten. Seit dem 16. Jahrhundert, einer Zeit, in der die Frau allgemein aus der Gesellschaft mehr und mehr ins Haus verdrängt wurde, waren Frauen in den Zünften nur noch als Meisterwitwe oder Meistertochter geduldet. Sie durften den Betrieb nach dem Tod des Meisters mit einem oder zwei Gesellen fortführen, es wurde jedoch erwartet, dass sie sich möglichst schon innerhalb eines Jahres wieder verheirateten, am besten mit ihrem Gesellen, der dann seine große Chance ergreifen und den Betrieb als Meister fortführen konnte.

Nach der Wiederverheiratung hatte sich die gewesene Meisterwitwe wieder vornehm als gleichberechtigtes Zunftmitglied zu verabschieden und fleißig als „Frau Meisterin“ im Betrieb mitzuhelfen.

Vorderösterreich

Vorderösterreichische Geschichte begann mit der Wahl Rudolfs von Habsburg zum König des Heiligen Römischen Reiches Deutscher Nation im Jahr 1273 und endete in der napoleonischen Epoche mit der Auflösung dieses „Alten Deutschen Reiches" im Jahr 1806, als die einzelnen kleinen Territorien an Baden, Württemberg und Bayern fielen.

Vorderösterreich ist eigentlich nie ein geschlossenes geografisches Gebiet gewesen – entgegen dem Willen seiner Habsburger Herrscher. Es befanden sich zwar einige zusammenhängende Gebiete darunter, wie der Sundgau, der Breisgau mit angrenzenden Gebieten des Schwarzwaldes und im Elsass oder die Vorarlbergischen Lande. Die Mehrzahl der vorderösterreichischen Lande stellte jedoch Streubesitz im schwäbisch-alemannischen Raum dar, umschlossen von anderen weltlichen und geistlichen Territorien. Wichtige Städte unter vorderösterreichischer Herrschaft waren Freiburg/ Breisgau und Konstanz; auch Rottenburg, Villingen, Riedlingen, Oberndorf/Neckar, Waldshut, Stockach und Waldsee gehörten dazu.
Trotz dieser geografischen Zersplitterung stellte Vorderösterreich eine historische Einheit dar, zusammengehalten durch die Zugehörigkeit zum Hause Habsburg. In der Kaiserstadt Wien sahen auch die Vorderösterreicher ihre Hauptstadt, dorthin ging, wer beruflich aufsteigen wollte, aus Wien holte man sich wertvolle kulturelle Anregungen. Katholische Frömmigkeit zeigt sich dort noch heute in Kirchen und Kapellen, Mariensäulen und Bildstöcken. Spuren Habsburger weltlicher Herrschaft finden sich in repräsentativen Bauten, in Adelssitzen in Stadt und Land im Habsburger Baustil und in den habsburg-österreichischen Farben Weiß und Rot, was sich vom Oberrhein über Innsbruck bis nach Wien und weiter verfolgen lässt.

Ein "großschwäbisches Herzogtum" als Basis der Habsburger Königsmacht im Deutschen Reich sollte entstehen, ein Unterfangen, das letztlich misslang. Kein Wunder, dass, viel später allerdings, Habsburg nach der Vertreibung Herzog Ulrichs aus Württemberg zu Beginn des 16. Jahrhunderts zugriff und das führerlose Land verwaltete. Noch einmal kam die Idee eines gewaltigen Habsburger Komplexes von Österreich über Tirol, Oberschwaben, Breisgau, Sundgau nach Burgund auf, dessen Mittelstück und Schlussstein Württemberg sein sollte – zugleich ein Bollwerk gegen Frankreich und vielleicht weniger gegen die Schweiz als vielmehr die von dort drohenden „demokratischen Gedanken".

„Suevia - Tafel Schwaben", Karte von Matthäus Merian, 1643.

Es sind insgesamt drei Komplexe österreichischer Herrschaft im ehemaligen Schwaben zu verzeichnen.

1. Westlich des Arlbergs bis zum Rhein und Bodensee, über die Alpenpässe mit Tirol zusammenhängend, das spätere Vorarlberg, der Innsbrucker Zentralregierung unterstellt, mit eigenen Landständen in Feldkirch.
2. Das stark zersplitterte schwäbische Österreich oder Österreichisch-Schwaben meint die Donau- und oberschwäbischen Besitzungen des Habsburger Hauses bis zum Schwarzwald, ebenfalls mit eigenen Landständen, welche meist in Ehingen tagten, jedoch Innsbruck unterstellt waren.

Und 3. Vorderösterreich im engeren Sinne, das heißt die im Bereich des Hoch- und Oberrheins, des mittleren und südlichen Schwarzwaldes und der Baar gelegenen Einzelherrschaften. Dazu gehörte der Breisgau, der Sundgau (bis zum Ende des Dreißigjährigen Krieges) und große Teile des Oberelsass, Hagenau im Unterelsass und Ortenau. Dieses Gebiet unterstand der Innsbrucker Regierung nur mittelbar und hatte in Freiburg/ Breisgau eine eigene vorderösterreichische Regierung.

Der ehemalige reiche Besitz im Voralpenland südlich des Bodensees war dem Hause Habsburg an die schweizerische Eidgenossenschaft verloren gegangen.

Vom Knappen zum Ritter – Kindheit im Mittelalter

Oft kann man lesen, die mittelalterliche Gesellschaft habe eigentlich gar kein besonderes Verhältnis zur Kindheit gehabt. Dass Kindheit als eigenständiger Abschnitt im Leben eines Menschen betrachtet werde, quasi die „Erfindung der Kindheit", sei ein Phänomen der Neuzeit. Auch hätten die damaligen Eltern keine besonders starke emotionale Beziehung zu ihren Kleinkindern entwickelt als eine Folge davon, dass die Mütter zwar sehr viele Kinder zur Welt brachten, von den lebend geborenen Kindern aber ungefähr 50 Prozent das Kleinkindalter nicht überlebten. Anders als durch eine gewisse Gleichgültigkeit und Distanz zu den Kindern hätten Eltern diese erschreckende Realität gar nicht bewältigen können.
Wirft man allerdings einen Blick in die zeitgenössische Literatur, in Briefe und Tagebuchaufzeichnungen der damaligen Zeit, erkennt man schnell, dass die Menschen sehr wohl Kindheit als einen besonderen Lebensabschnitt angesehen haben und Kindern eine eigene Wahrnehmung der Welt und eine von den Erwachsenen unterschiedliche Logik im Umgang mit ihrer Umgebung zubilligten. Von Liebe und Zärtlichkeit, von der Sorge um das schutzlose Kind ist immer wieder die Rede.

Der in Paris lehrende Franziskaner Bartholomäus Anglicus schrieb 1240: „Kleine Kinder leben nur aus dem Augenblick, sie lieben

Konrad – der erste württembergische Adelige?

Noch heute geht die Wandersage von jenem fröhlichen jungen Mann, der in Liebe entflammt des Kaisers Töchterlein entführte und sich vor der Strafe des kaiserlichen Schwiegervaters mit Frau und Kind in den Weinbergen oberhalb des Neckars versteckte, um sich dort als Wirt zu verdingen, schließlich aber vom durchziehenden Kaiser entdeckt wurde, Gnade, Vergebung und obendrein noch eine Burg samt Grafentitel bekam, als der vom „Wirt am Berg". Abgesehen davon, dass sich einer, der sich verbergen muss, gewiss nicht eine der meistbegangenen Heerstraßen des Deutschen Reiches aussucht, gehören solche Erzählungen in den Bereich der Geschichtenerzähler, nicht in den der Historiker.
Fast möchte man auch die Entdeckung des Flurnamens „Wirdeberg" im Luxemburgischen, zwischen den Flüssen Mosel und Syr, in die Ecke der Sage verbannen. Doch etwas scheint dran zu sein. Gesichert ist die Existenz eines Heinrich von Luxemburg, nachgewiesen als Graf im Moselgau im Jahr 1025, zehn Jahre später als Vogt von St. Maximilian in Trier. War er der Vater von Konrad von Württemberg, des Mannes, der als erster sicherer Stammvater des Hauses

Der „Wirt am Berg"?

Spiele und sinnlosen Zeitvertreib. Unwichtiges sehen sie als wichtig an. Sie lieben Bilder mehr als Erwachsene dies tun. Der Verlust eines Apfels hat mehr Tränen zur Folge als der Verlust eines Erbteils. Sie wollen alles besitzen, was sie sehen und wollen von der Gesellschaft der Erwachsenen nichts wissen. Fortwährend schreien, kichern und lachen sie. Kaum gewaschen, sind sie wieder schmutzig, und gegen Waschen oder Kämmen wehren sie sich nach Leibeskräften."
Puppen, Kreisel und Holzpferdchen werden für die Kinder zum Spielen ebenso empfohlen wie viel Bewegung an der frischen Luft.

Modell der Burg Württemberg vor dem Abriss durch König Wilhelm I. in den Zwanzigerjahren des 19. Jahrhunderts.

Ein Wiener Stadtarzt namens Johannes Tichtel führte im ausgehenden 15. Jahrhundert ein Tagebuch über seine Kinder, das sehr anrührend auch über seine Gefühle Aufschluss gibt: „1482 am 8. März, dem Freitag vor Gregorius, wurde mein zweiter Sohn Gregorius in der ersten Stunde und drei Minuten nach Mitternacht geboren. 1484. Oh. An diesem Tag, dem 13. Juli starb mein Sohn Gregorius. Mein süßer Sohn!... Am Mittwoch dem 11. August wurde mein dritter Sohn Cosmas geboren." Sein vierter Sohn wurde 1486 geboren und starb im selben Jahr. Und über den Dritten erfahren wir, dass er im Alter von einem Jahr und drei Wochen von der Mutterbrust entwöhnt wurde, also nicht von einer Amme gestillt, wie es in adeligen Kreisen üblich war.

Der Augsburger Kaufmann Lucas Rem schrieb ebenfalls Tagebuch und notierte voll Trauer und Hilflosigkeit zwischen seinen buchhalterischen Eintragungen: „Berchtold, mein Sohn,

Die Anfänge des Hauses Württemberg im 11. Jahrhundert

Württemberg gilt? Oder gehörte dieser wie auch sein Bruder Bruno, der spätere Abt von Hirsau, und seine Schwester Liutgart als Nachfahre des Herzogs Konrad I. von Kärnten zu der vornehmen Familie der salischen Könige? In diesem Umkreis zumindest können die allerersten Anfänge des Hauses Württemberg gesehen werden.
Doch wie gelangt dieser Konrad nun ins Land von Neckar und Rems? Durch die Liebe? Auf jeden Fall durch Heirat. Heirat in den ältesten Besitz der Württemberger, nach Beutelsbach im Remstal, wo sich Erbbegräbnis und Hauskloster befanden. Auf dem Rotenberg, mit Kontrollblick über das Neckartal, erbaute er eine Burg, deren Fertigstellung wie üblich mit der Weihe der Burgkapelle bezeugt wurde. Das war im Jahr 1083. Nach dieser Burg Württemberg nannte sich Konrad, der bis dahin den Beinamen „Beutelsbach" getragen hatte, fortan. Als eine solche topografische Zube-

Lateinisch geschriebener Weihestein der Burgkapelle mit der ältesten bekannten Steininschrift Württembergs.

wurde am Dienstag den 2. Dezember 1533 geboren. Er war ein zartes Kind mit schwarzen Augen und blieb siebzehn Wochen gesund. Dann bekam er den Ausschlag und der wollte nicht mehr weggehen. Er fing an Tag um Tag abzunehmen und nahm unerklärbarerweise zwanzig Wochen lang täglich mehr ab und die Krankheit verzehrte ihn so, dass ich mein Lebtag keinen elenderen Anblick gesehen hab. Er starb am Freitag, den 21. August 1534." Auch wenn es wie bei dem Nürnberger Bürger Erasmus Schürstab nicht unüblich war, dass von 14 in der Zeit von 1417 bis 1433 geborenen Kindern nur sieben am Leben blieben, so trauerten die Eltern doch über den Verlust eines jeden Kindes.

Schwertleite statt Geburtstagsfest

Nur wenige Menschen des Mittelalters kannten ihr genaues Geburtsdatum. Insbesondere im Leben eines Ritters war ein anderes Ereignis wichtiger: Die Zeremonie, mit der ein Ritterjunge, ein Knappe, in die Gruppe der Erwachsenen, der „richtigen Männer" aufgenommen wurde und seine Kindheit beendet

nennung wurde der Name „Württemberg" an die nachfolgenden Generationen weitergegeben.

Dass Konrad möglicherweise von auswärts, gleichsam als Fremder in sein späteres Kernland kam, ist für damalige Zeiten nichts Ungewöhnliches. Die Adligen erwiesen sich als höchst mobil und wanderfreudig, ihre vielfältigen Beziehungen erlaubten es ihnen überall Fuß zu fassen.

Konrad I. – ein angesehener Adliger

Viel wissen wir nicht von Konrad. Allenfalls, dass er Neuem gegenüber recht aufgeschlossen gewesen sein musste. Er unterhielt enge Beziehungen zum Kloster Hirsau im Schwarzwald, das der kirchlichen Reformpartei der Zisterzienser angehörte, deren tief gehende Kirchen- und Klosterreformen vom burgundischen Cluny ausgehend das Mönchswesen und die Politik ganz Europas erschütterten.

Dass Konrad von Württemberg sehr angesehen war, zeigen seine häufigen Auftritte als hochrangiger Zeuge bei politischen oder rechtlichen Geschäften. Im 11. Jahrhundert also hatte sich das Haus Württemberg mit mächtigem und vornehmem verwandtschaftlichem Umfeld herausgebildet und

war. Bei dieser „Schwertleite" war er ungefähr zwischen 16 und 20 Jahre alt.

Als volljährig galt er schon früher, mit 14 Jahren, auch wenn die Ausbildung zum Ritter noch nicht abgeschlossen war. Doch man hielt einen 14-jährigen für fähig zu heiraten, einen eigenen Hausstand zu gründen, den Treueid zu leisten und den Treueid zu empfangen oder die Leitung einer Lehnsherrschaft zu übernehmen, falls der Vater nicht mehr lebte. Auch zum Herzog oder König konnte ein mit 14 Jahren volljähriger Knabe werden.

Unterschiedliches Aufwachsen von Jungen und Mädchen

Bis zum Alter von sieben Jahren blieb ein Junge zusammen mit seinen Geschwistern in der Obhut der Mutter. Es gab viele Kinder in einer Familie. Nur ein Viertel der Kinder in den Hütten der Armen erreichte das fünfte Lebensjahr, ein weiteres Viertel starb vor dem 15. Geburtstag. Etwas günstiger lag die Prognose bei den Wohlhabenden, besser ernährten Familien. Doch auch deren Kinder waren vor den zahlreich grassierenden Krankheiten nicht gefeit.

Die Töchter eines Burgherrn oder Ritters blieben bis zur Heirat im Alter von ungefähr zwölf Jahren unter der Obhut der Mutter und ihres Damengefolges in der Kemenate der Burg, also den Frauengemächern. Die Burgherrin beaufsichtigte den Haushalt, die Nahrungsvorräte und das Vieh, die Kleidung und das Familiengeschmeide. Symbol ihrer Hausgewalt war der allen sichtbare Schlüssel an ihrem Gürtel. Sie lehrte die Mädchen den Umgang mit Wolle, Leinen und Hanf zur Herstellung von Kleidung, Bett- und Tischwäsche, die sie mit kunstvollen Stickereien verzierten. Sie mussten nach der

der Erste seiner Fürsten, der Konturen gewann, war Konrad.

Wer waren seine Nachfolger? Hier müssen die Historiker einen regelrechten „Blackout" gestehen, denn in der historischen Überlieferung fehlen ganze Generationen! Erst mit Graf Ulrich dem Stifter tritt 1238 urkundlich wieder ein sicherer Nachkomme auf und mit ihm eine gesicherte Ahnenabfolge des Hauses Württemberg. Doch wo kommt dieser Württemberger plötzlich her? Und wer war sein Vater? Es bedurfte des kriminalistischen Spürsinns von Detektiven und der Hartnäckigkeit von genealogisch versierten ahnenforschenden Historikern wie Hansmartin Decker-Hauff um die Verschwundenen wiederzufinden.

Württembergische Spuren in Südtirol

Ausgerechnet in Südtirol wurde man fündig, im Ultental! Der Name Württemberg erscheint nach Jahrzehnten zum ersten Mal wieder auf einer Urkunde, in welcher der Graf von Ulten Verzicht auf zahlreiche Güter zu Gunsten des staufertreuen Bischofs von Trient erklärt. Einer der Hauptzeugen ist Hermann, Sohn des Grafen von Württemberg. Und tatsächlich: Dieser Hermann war der Schwiegersohn des einst mächtigen Grafen von Ulten, Spross eines der großen Geschlechter im späteren Südtirol, dessen Vater als Graf von Eppan Herr über weite Gebiete im Vintschgau entlang der Etsch war und das strategisch entscheidende Durchgangsland zwischen den Alpenpässen und Trient mit reichen Besitztümern in Lana, Meran und im Ultental beherrschte. Infolge ihrer Gegnerschaft zu den Staufern, die immer mächtiger geworden waren, ging

Säuberung der Wohnräume durch die Mägde die Fußböden mit Stroh ausstreuen, bei Festen mit Blumen und wohl duftenden Kräutern.
Die Mädchen hatten zu lernen, wie man richtig betet, nur wenige lernten Lesen und Schreiben.
Im Alter von zwölf Jahren galten sie als heiratsfähig. Oft waren sie schon viel früher von ihren Vätern mit Männern oder Knaben verlobt worden, die sie noch nie gesehen hatten. In vornehmen und mächtigen Familien kamen die kleinen Mädchen oft schon mit sechs oder sieben Jahren in die Familie an den Hof ihres zukünftigen Mannes unter das strenge Regiment der zukünftigen Schwiegermutter. Diese prägte sie rechtzeitig im Sinne der Familieninteressen und bog sie, wenn nötig, zurecht zu einer später nützlichen Ehefrau und Gebärerin von Nachfahren zur Sicherung des Fortbestands und der Macht der Familiendynastie.
Konnten Mädchen nicht verheiratet werden, etwa weil nicht genug Vermögen für eine Mitgift an die Schwiegerfamilie vorhanden war oder es in Kriegs- oder Kreuzzugszeiten zu wenige heiratsfähige junge Männer gab, blieb ihnen der Weg ins Kloster.

Manche Mädchen entzogen sich, oft gegen den Willen der Eltern, den Schwierigkeiten und dem Los einer Ehefrau unter dem Joch eines womöglich ungeliebten Mannes, dessen Besitz sie auf jeden Fall waren, der sie ungestraft schlagen und züchtigen durfte und sogar über ihr Geld und Vermögen verfügen konnte. Sie wählten lieber ein Leben als Nonne im Schutze eines Klosters. Die Men-

es den Eppanern im 13. Jahrhundert zunehmend schlechter und die Zeugenschaft unseres wiedergefundenen Württembergers bei der Beurkundung des erzwungenen Verkaufs zahlreicher Gebiete „mit Mann und Maus", also samt den dort lebenden Menschen, an den stauferfreundlichen Bischof von Trient stand in sehr traurigem Zusammenhang für die Familie.
Hermann von Württemberg lebte damals in der Heimat seiner Frau Irmgard von Ulten am Hofe seines Schwiegervaters Ulrich von Ulten. Nach diesem hatte er auch das gemeinsame Kind Ulrich benannt, dessen Zuhause Südtirol werden und das als Ulrich der Stifter in die württembergische Landesgeschichte eingehen sollte.
Auch als Verräter?

Liebespaar (Ulmer Meister, um 1460/70.

Das Kloster als Zufluchtsort für viele Mädchen

schen waren damals sehr fromm und gottesfürchtig und viele junge Mädchen wollten ihr Leben Gott und einem Bräutigam namens Jesus widmen. So flüchteten sie manchmal auch gegen den Willen ihrer Familie ins Kloster. Manches Heiligenleben begann so mit der Rebellion gegen das Elternhaus.
Auch vielen Witwen boten die Klöster Schutz und Sicherheit. Dort hatten es Frauen oft besser als in der rauen Wirklichkeit der Burgen, Städte und Dörfer.

Die Jungen wurden schon mit sieben Jahren zu einem Erzieher auf eine andere Burg geschickt. Der Schmerz dieser Kinder, sich von der geliebten Mutter und den Ammen, die sie gehegt und gepflegt hatten, trennen zu müssen, das Heimweh nach der Geborgenheit der Frauenwelt, der sie so früh entrissen wurden, blieb oft ein Leben lang als Sehnsucht in ihnen zurück.
Die jüngeren Brüder, für die nicht mehr genug Land und Güter vorhanden waren, wurden ebenfalls sehr früh in ein Kloster weggegeben, wo sie Lesen, Schreiben und Rechnen lernten, um später einmal Mönch oder Priester zu werden und für das Seelenheil der Ihren zu beten. Die Menschen lebten in großer Furcht vor der Hölle und in ängstlicher Hoffnung auf das Paradies, ständig gewärtig, jeden Augenblick sterben zu müssen, im Kampf oder im Alltag an den Folgen eines Unfalls – jede Blutvergiftung konnte schon zum Tod führen – oder an einer der zahllosen Krankheiten und Seuchen. Viele spendeten aus Angst um ihr Seelenheil Almosen, ja bauten Kirchen und gründeten oft ganze Klöster. Auf jeden Fall war es gut, ein Familienmitglied

unter den fürbittenden Geistlichen zu haben.

Für einen künftigen Ritter war es nicht wichtig, lesen oder schreiben zu können. Dies gehörte daher auch nicht zur Ausbildung eines Knappen. Alle Kenntnisse, alle Berichte und Neuigkeiten wurden von Mund zu Mund weitergegeben. Dadurch mussten die Menschen damals ihr Gedächtnis sehr viel intensiver trainieren als heute. Sogar noch ganz alte Menschen hatten deshalb ein sehr verlässliches Gedächtnis, das, da ständig trainiert, enorm viel speichern und wiedergeben konnte – manche konnten ganze Bücher auswendig. Viele Ritter besaßen eine wertvolle Büchersammlung, aus deren Bestand ein durchreisender Gelehrter oder ein in Diensten der Familie stehender Geistlicher vorlesen musste. Einige Bücher waren reich bebildert und die Illustrationen ersetzten dem Betrachter ähnlich den heutigen Comics den Text.

Erziehung der jungen Knappen zu Rittern

Der Hof, an dem ein Knappe erzogen und unterrichtet wurde, gehörte dem Lehnsherrn, also dem Herrscher, Graf oder Herzog, dem Freund oder Bruder von Mutter oder Vater, der wie ein Vater respektiert und oft inniglich geliebt wurde. Ziel eines Knappen war es, ein tapferer Krieger und edler Recke zu werden. Dafür musste er seinen Körper kräftig trainieren, um ihn gelenkig zu machen, und seinen Geist, um mutig und großzügig zu werden. In den Pferdeställen und in der Schmiede, auf dem Turnierplatz und in den riesigen, dunklen Wäldern, in denen Wölfe, Räuber und flüchtige Verbrecher hausten, auf der ehrenvollen Falkenjagd oder bei gefährlicher Bärenhatz und Wildschweinjagd spielte sich das Leben der jungen Leute ab. In der Vorstellungswelt der Menschen damals waren die Wälder auch von bösen Dämonen und Drachen bevölkert, und den struppigen Bauern, den Köhlern und unfreien Arbeitern, die dort Holz schlugen, Eisen gewannen oder Glas bliesen, haftete etwas Unheimliches an. Davon zeugen bis heute noch viele Märchen.

Die künftigen Ritter hatten also manche Mutprobe zu bestehen. Sie übten sich im Bogenschießen und wurden, sobald sie volljährig waren, also mit 14 Jahren, im Gebrauch der Waffen unterwiesen. Als Schildknappen dienten sie ihrem Lehrherrn und Ritter, trugen ihm auf seinem Weg zum Turnierkampf oder in die Kriegsschlacht Schild, Waffen und Ausrüstung.
Sie lernten ein Streitross zu dressieren, Schwert und Lanze in voller Ausrüstung auf dem Pferd zu führen und taten sich in eigens für die Jugend veranstalteten Wettbewerben und Turnieren derart hervor, dass sie in ihrem kühnen Wagemut nicht nur Wunden und Beulen davontrugen, sondern nicht selten ein Auge oder einen Arm verloren und damit zeitlebens als Ritter unbrauchbar waren. Nicht wenige Jungen kamen bei solchen Wettkämpfen sogar ums Leben. Eine Ausbildung zum Ritter war kein Spiel.

Ein gutes Pferd und eine prächtige Rüstung waren Gegenstand heißesten Begehrens eines jeden Knappen oder Ritters. Sie hatten einen Stellenwert wie heute teure Autos und schnelle Rennwagen.
Fünf oder sechs Pferde hatte ein Ritter zur

Verfügung, zum Kampf, aber auch zum Transport. Pferdehändler gehörten zu den wohlhabendsten Geschäftsleuten und alle Gewerbe, die mit der Herstellung von Sattel, Zaumzeug, Ritter- oder Pferderüstung zu tun hatten, nahmen einen ähnlich breiten Raum in der damaligen Gesellschaft ein wie heute Autowerkstätten und Tankstellen.
Weite Teile des bebauten Landes dienten der Versorgung der Pferde und Ställe. Die Bauern mussten regelmäßig große Ladungen Hafer und Stroh zur Festung ihrer Herren liefern.

Schwertleite und Waffenweihe

Konnte ein junger Mann am Ende seiner Erziehung zum Ritter Schwert und Streitross in den Kampf führen und beherrschte er die von einem Ritter erwarteten Tugenden, so war der wichtigste und meist schönste Tag seines Lebens nicht mehr weit: Er wurde zum Ritter geschlagen und in den Kreis der Erwachsenen aufgenommen.
Der Herr, der ihn erzogen hatte, händigte ihm seine Waffen aus, schenkte ihm ein Schlachtross, Sporen, Schwert und Umhang und richtete für ihn und seine Gefährten, die gemeinsam mit ihm zum Ritter erzogen worden waren, aber auch für die eigens angereisten Familien und Freunde ein rauschendes Fest aus.
In feierlicher Zeremonie schlug der Herr ihn und seine Gefährten durch einen Schlag mit der flachen Hand auf den Hals zum Ritter.

Für die Schwertleite und die Waffenweihe wählte man gerne den Pfingstsonntag, an dem man allgemein das Frühlingsfest feierte. Am Abend zuvor hatte der junge Mann ein rituelles Bad genommen, das ihn symbolisch von allen seinen bisherigen Verfehlungen reinigte, und er hatte gebetet. Wenn er das Schwert entgegen nahm, legte er ein Gelübde auf die Tugenden eines Ritters ab und versprach, die eigene Macht nicht zu missbrauchen und sich all derer anzunehmen, die sich nicht selbst verteidigen konnten. Ein fröhliches Fest mit Turnierkämpfen, Tanz, Gesang und großem Gelage begann.

Erprobung des Gelernten bei Turnieren

In Friedenszeiten zog der junge Ritter dann ungefähr zwei Jahre lang durch die Lande, erprobte seine Kräfte von Turnier zu Turnier und mehrte seinen und des Lehnsherrn Ruhm. Und sein Vermögen, denn ein Turnier war ein ebenso aufregendes Geschicklichkeitsspiel wie auch lukratives Glücksspiel. Ein Spiel um Ruhm und Geld. Preise wurden ausgesetzt, Pferde, Rüstungen, Waffen, ja ganze Ländereien konnte man im Falle eines Sieges gewinnen. Von der Dame, für die man gekämpft hatte, wurde man beschenkt...

Man konnte alles gewinnen und alles verlieren - auch Leib und Leben. So mancher wackere Held wurde verwundet vom Turnierplatz getragen oder blieb nach verlorenem Kampfe zeitlebens ein Krüppel.
Wurde man hingegen gefangen genommen, musste man sich Geld leihen, um sich auslösen zu können. Trotz oder gerade wegen des großen Risikos waren die Turnierkämpfe außerordentlich beliebt und begehrt.

Kriege oder auch kleinere Fehden wurden stets im Sommer geführt. Im Winter herrschte meist Waffenstillstand, denn auf Schnee und Eis konnte schlecht gekämpft werden und

Turnierszene aus dem „Mittelalterlichen Hausbuch" (15. Jahrhundert).

Streitrösser wie Ritter samt ihren schweren Rüstungen versanken schnell in Schlamm, Dreck und Sumpf der aufgeweichten Böden. Der Frühling wurde immer heiß herbeigesehnt, denn die Ritter sahen, anders als die Bauern, im Krieg ihren Lebenszweck und verbrachten ganz selbstverständlich jeden Sommer mit Kämpfen. Diese bereiteten ihnen Freude – seit ihrer Kindheit hatten sie ja auch nichts Anderes gelernt – und Einnahmen. Der Übergang zum Raubrittertum war manchmal ein fließender. Nur selten kam es zu geordneten Feldschlachten, viel häufiger waren Scharmützel und Ausfälle ins benachbarte Territorium, um mit Beute aus den Dörfern wieder zurückzukehren. Es wurden Fehden ausgetragen, um die verletzte Ehre wieder herzustellen, um eine Heirat oder die Erbfolge gestritten.

Bauern, Handwerker und Händler standen der Streitlust der Ritter mit Wut, Verzweiflung und Resignation gegenüber. Die Bauern waren vor den Überfällen der mit ihrem Lehnsherrn zerstrittenen Ritter oft gezwungen, mit ihrem Vieh in die Wälder zu fliehen, und bei ihrer Rückkehr fanden sie meist ihre Hütten in Schutt und Asche vor, die Ernte zertrampelt oder gestohlen, Weinstöcke und Obstbäume abgehackt. Von Rittertugend war da im Alltag nicht mehr allzu viel übrig geblieben.

Doch es gab auch edle Ritter...

Rittertugenden

Tapferkeit, Treue und Besonnenheit

Ein junger Ritter musste nicht nur das Jagen und Kämpfen lernen, seinen Körper trainieren, Strategien und Pläne zum Kampf entwickeln und Risiken abwägen können. Am Hofe seines Herrn wurde ebenso auf die Erziehung des Herzens und des Geistes Wert gelegt. Seine Waffen sollte er für eine gute Sache einsetzen: Tapferkeit, Treue und Besonnenheit lauteten die Tugenden eines Ritters. In allen Situationen musste ein Ritter verlässlich Wort halten und treu bleiben denen gegenüber, denen er durch Blutsbande oder einen Schwur verbunden war, besonders gegenüber seinem für Friede und Wohlergehen seines Landes verantwortlichen Lehnsherrn, dem er als Vasalle durch den geschworenen Treueid verpflichtet war. Von ihm hatte er auch ein Stück Land, sein Lehen, bekommen, das ihn und seine Familie ernähren musste und wo er Steuern erheben durfte. Dafür musste er seinem Herrn Gehorsam und Treue und im Kriegsfall Dienst leisten. Die Untertanen seiner Lehnsherrschaft waren Unfreie, die ihrem Besitzer mit ihrer Arbeitskraft nicht nur zur Abgabe eines Großteils ihrer Ernte und ihres Viehs, sondern auch zu Frondiensten verpflichtet waren.

Zwischen den Tugenden der Tapferkeit und der Besonnenheit musste immer Gleichgewicht herrschen. Wut, Neid und Hass durften auch in der Hitze des Gefechts nie die Überhand gewinnen. Um Unbeherrschtheit und Wut von früh an kontrollieren zu lernen, wurden die Knappen zu Würfel- und Brettspielen angehalten. Besonders das Schachspiel galt als gute Übung für ruhiges Überlegen, Geduld und geistige Gewandtheit. Großzügigkeit gegenüber Unterlegenen, Schutz der Schwachen und Freigebigkeit gegenüber Armen gehörten zu einem guten Ritter ebenso wie höfliches Benehmen, gute Manieren und geselliges Plaudern, Singen und Tanzen mit den Damen bei Hofe.
Von diesen Tugenden und von den Taten heldenhafter Ritter sangen und erzählten an den langen Abenden die von Burg zu Burg ziehenden Troubadoure, fahrende Musikanten und Sänger, Gaukler, die auch tanzen, jonglieren, ja Bären dressieren konnten, den Gastgeber und seine Damen zum Lachen und Weinen brachten und die jungen Knappen von ähnlichen Heldentaten träumen ließen, die sie einmal tapfer bestehen wollten.
Wollte ein junger Ritter in die Kategorie der wichtigen und verantwortungsbewussten Männer aufgenommen werden, so musste er heiraten. Dazu brauchte er einen eigenen Wohnsitz. Den bekam er entweder von seinem Vater oder nach treuen Diensten von einem Lehnsherrn. In vielen Fällen trat er auch das Erbe seines verstorbenen Vaters an oder aber seine Ehefrau brachte Burg samt Land in die Ehe mit ein.
Längst nicht alle jungen Ritter hatten also die Möglichkeit zu heiraten, und schon gar nicht unbedingt die Dame ihres Herzens! Oft musste ein Ritter Jahre lang einem Herrn dienen, bevor ihn dieser mit dem nötigen Vermögen ausstattete oder, wie im Märchen, nach bestandenen Mutproben ihm zur Belohnung die Hand seine Tochter bot. So blieb die Erfüllung einer Liebe nicht selten versagt und die geliebte Frau ewig unerreichbar. Sie wurde Gegenstand der Sehnsucht, aller Gunstbeweise und Aufmerksamkeit des Ritters, aber in ihrer Ferne auch Anstoß zu wunderbarer Minnedichtung.

Der Verrat –

Ulrich der Stifter und die Staufer

Schwächung der Stauferweltmacht und Aufstieg der Württemberger

Begann der Aufstieg der Württemberger nicht mit einem niederträchtigen Verrat? Mit Bestechung? Unmittelbar vor einer Entscheidungsschlacht 1246 bei Frankfurt/M. war der junge Ulrich von Württemberg samt seinem Vetter Hartmann von Grüningen mit zwei Dritteln des Heeres vom Stauferkönig Konrad IV. abgefallen. Er mag damit viel Blutvergießen verhindert haben, denn die Schlacht fand dadurch erst gar nicht statt.
Für die Staufer jedenfalls bedeutete dieser Abfall eines beträchtlichen Teiles ihrer Getreuen eine entscheidende Schwächung im Laufe ihres allmählichen Niedergangs. Für Ulrich dagegen die Wende zum Aufstieg seines Hauses Württemberg. Nicht nur, dass er vom Papst, dem Staufergegner, für seinen Verrat an der Staufersache eine stattliche Summe von Silberlingen erhielt. Er konnte nun durch den Zugriff auf frei werdendes Staufergut in Schwaben in wenigen Jahren die Grundlagen der Herrschaft Württemberg mit dem territorialen Schwerpunkt an Nekkar, Rems und Fils legen. Er erwarb den Hauptbesitz der Grafen von Urach und befestigte die Städte Leonberg, Waiblingen, Schorndorf und Stuttgart, das durch seine kluge Heirat mit Mechthild von Baden, der reichen Tochter des Stuttgarter Stadtgründers, aus badischer in württembergische Hand überging und zur Residenzstadt wurde.

Zweifellos muss man Ulrich als klug kalkulierenden Politiker anerkennen. Vielen allerdings behagt die Vorstellung von Verrat und Bestechlichkeit dieses Grafen ganz und gar nicht. Um eine Erklärung für Ulrichs Verhalten zu finden, sei kurz zu Ulrichs Kindheit in Südtirol zurückgespult.

Die Kindheit Ulrich des Stifters als Erklärung für sein Handeln?

Seinen Großvater Ulrich von Ulten, zweifellos eine eindrucksvolle Persönlichkeit, hat Ulrich als Kind bis zu dessen Tod im Jahr 1242 um sich gehabt, Familienglück, Geborgenheit, kindliche Freuden mit ihm erlebt, aber auch seinen allmählichen, unverschuldeten Niedergang mit erlitten. Die Feinde des Großvaters waren die Freunde der Staufer, und als diese den alten Ulrich von Ulten zur Aufgabe seiner Güter zwangen, war der Enkel neun oder zehn Jahre alt. Als sie den einst so mächtigen Mann zwangen, sich auf seine Restgüter in der Markgrafschaft Ronsberg im Allgäu zurückzuziehen und seine eigentliche Heimat samt Vermögen und der ihm anvertrauten Bevölkerung zu verlassen, erlebte er diese Demütigung des geliebten Menschen als 14-jähriger. 1245 ging auch noch dieses Rückzugsgebiet in staufischen Besitz über.
War der Abfall Ulrichs von Württemberg von den Staufern ein Jahr später also nicht Verrat oder rücksichtsloses politisches Kalkül, son-

Die Doppeltumba Ulrich des Stifters und seiner zweiten Ehefrau Agnes von Liegnitz in der Stuttgarter Stiftskirche.

dern die Begleichung einer offenen Rechnung?

Wie dem auch sei, ein merkwürdig zwiespältiges Verhältnis zu den Staufern charakterisiert Württemberg fortan. Zum einen waren die Württemberger über Jahrzehnte hinweg in das Herrschaftssystem der Staufer eingebunden und konnten sich als Grafengeschlecht im ausgehenden 12. Jahrhundert endgültig innerhalb des staufischen Herzogtums Schwaben, das den Staufern zurzeit ihres Aufstiegs in der „internationalen Politik" wichtige Hausmacht gewesen war, etablieren. Zum anderen waren die Württemberger durch die Staufer im mittleren Neckarraum daran gehindert, sich dort selbst gebietsmäßig auszubreiten. Sie hatten ihr Augenmerk deshalb lange Zeit nach Ost- und Oberschwaben und ins Allgäu zu den mächtigen Grafen der Veringer und Kirchberger ausgerichtet. Schließlich war über den Markgrafen von Ronsberg im Allgäu die Verbindung zu dessen Erben nach Ulten in Südtirol gekommen.

Zwiespältiges Verhältnis Württembergs zu den Staufern

Ulrich der Stifter nimmt das Kernland Württembergs in Besitz

Erst mit dem Ende der Stauferzeit in Schwaben konnte sich die Herrschaft Württemberg auch in dem Großraum entfalten, in dem die Burg Württemberg lag. Mit Ulrich dem Stifter ist die eigentliche Besitznahme des Kernlandes Württemberg im ehemaligen Herzogtum Schwaben verbunden, denn die Herrschaft Württemberg an Neckar, Rems und Fils wuchs nicht etwa organisch seit der Errichtung der Stammburg, sondern entwickelte sich kontinuierlich erst seit dem 13. Jahrhundert, also gegen Ende der Stauferblüte in Schwaben.

Eine schwäbische Geliebte für den Stauferkaiser

Das mittelalterliche Heilige Römische Reich Deutscher Nation wurde in einem Zeitraum von ungefähr 130 Jahren im 12. und 13. Jahrhundert sechs Generationen lang von Herrschern aus dem Haus des Staufergeschlechts regiert. Aus jenem Zeitalter ragt gerade für die späteren Bewohner Württembergs sicherlich Friedrich I. Barbarossa (1152-1190) als die populärste, greifbarste Herrschergestalt hervor, nicht zuletzt durch Ludwig Uhlands einst jedem Schulkind bekannte Ballade „Schwäbische Kunde" über „Kaiser Rotbart lobesam":

Als Kaiser Rotbart lobesam
Zum heil'gen Land gezogen kam,
da mußt' er mit dem frommden Heer
durch ein Gebirge, wüst und leer.
Daselbst erhub sich große Not,
viel Steine gabs und wenig Brot,
und mancher deutsche Reitersmann
hat dort den Trunk sich abgetan.
Den Pferden war so schwach im Magen
fast mußt' der Reiter die Mähre tragen. (...)

Der Name „Kaiser Rotbart" oder Barbarossa bezieht sich auf den vermutlich rotblonden Bart des Kaisers.

Die schillerndere, vielleicht interessantere Persönlichkeit, von seinen Zeitgenossen schon als „stupor mundi", als „Staunen der Welt" bezeichnet, ist zweifellos sein Enkel Friedrich II. In großer Freiheit im damals kosmopolitischen Palermo aufgewachsen, polyglott, hoch gebildet, von überragender Intelligenz, entwickelte sich Friedrich II. zu einer zielstrebigen, machtbewussten Herrscherfigur, voll Wirklichkeitssinn, tolerant und allem wissenschaftlichen Denken aufgeschlossen, ein früher Europäer.

Die ersten drei Lebensjahre hatte der spätere Kaiser in der Obhut der schwäbischen Familie des Adligen Konrad von Urslingen verbracht, ein Vasall des Kaisers, der als Herzog von Spoleto auf der Burg Foligno in der Nähe von Assisi lebte. Dessen Frau diente als Amme für den kleinen Stauferkaiser-Spross Friedrich.

17-jährig zog der junge Friedrich im Jahr 1212 zum ersten Mal über die Alpen, um das Land seiner deutschen Vorfahren in Augenschein und Besitz zu nehmen. Er wurde dort triumphal empfangen. Konstanz öffnete ihm die Tore seiner Stadt und damit das Tor zum Reich. Innerhalb weniger Tage hatte sich eine staufische Anhängerschaft um ihn formiert, sein Gefolge wuchs mehr und mehr, und nach einem Vierteljahr beherrschte er den deutschen Süden vom Oberrhein bis nach Böhmen hinein.

Dass Friedrich mit Privilegien und Schenkungen in einem Land, das ihm noch gar nicht sicher gehörte, um sich warf, mag auch ein Grund seiner schnell wachsenden

Anhängerschaft gewesen sein.
Eine große Liebe hat er hier gefunden, die ihm, der zu jener Zeit noch mit Konstanze von Aragon verheiratet war, einen unehelichen Sohn schenkte, den er später als rechtmäßigen Sohn anerkannte. Dieser Sohn mit Namen Heinz sollte sogar sein Lieblingssohn werden und machte sich nicht nur als König Enzio einen Namen, sondern wurde auch als Dichter berühmt.
Wenn Kaiser Friedrich auf seiner Reise damals in der Mutter Enzios seine Liebe fand, müsste man vielleicht von einem Wiederfinden sprechen, denn seine hochadelige Geliebte war keine andere als Adelheid von Urslingen aus Spoleto, die Tochter seiner Amme und damit seine Ziehschwester!

Innerhalb weniger Jahre hatte die charismatische Persönlichkeit Friedrichs seinen Widersacher, den gerade regierenden Kaiser Otto IV., besiegt und abgesetzt. Friedrich blieb darauf insgesamt acht Jahre in Deutschland, wie damals für einen Herrscher üblich, von Stadt zu Stadt, von Pfalz zu Pfalz ziehend, um sich seine Herrschaft über das Land seiner Väter zu sichern.

Der schwarze Tod – die Pest bedroht auch Württemberg

Der schwarze Tod bringt das große Sterben

In vielerlei Hinsicht bedeutete das 14. Jahrhundert in Europa für die Menschen eine besonders schwere Zeit, war es doch mehr als die vorhergehenden Jahrhunderte von Kriegen, Seuchen und Hungersnöten gezeichnet. Das Klima war kälter und feuchter geworden. Schlechte Ernten, in manchen Jahren folgenschwere Missernten hatten in weiten Kreisen der Bevölkerung spürbare Verarmung, ja Hunger zur Folge. Die Menschen waren geschwächt. Leicht konnten sie von Krankheiten dahingerafft werden.
Die aus den zahlreichen Kriegen entlassenen Soldaten zogen in grausamen Banden marodierend durch die Lande, Recht und Ordnung waren vielerorts außer Rand und Band geraten, die Menschen schutzlos ausgeliefert.

Um die Mitte des 14. Jahrhunderts wurden in Europa innerhalb von drei bis vier Jahren etwa 25 Millionen Menschen, ein Drittel der gesamten Bevölkerung, von der Pest dahingerafft! In Frankreich verloren allein im Jahr 1348 drei Viertel aller Menschen ihr Leben, Italien büßte die Hälfte seiner Bewohner ein, einzelne Städte und Dörfer wurden in wenigen Wochen ganz entvölkert. In Württemberg wütete die Pest 1349 besonders schlimm, die

Von Eberhard dem Erlauchten bis Eberhard dem III. – Kampf gegen Habsburg

Hatte Mechthild von Baden Reichtum und die badische Stadtgründung Stuttgart in die Ehe mit Ulrich dem Stifter gebracht, so schenkte ihm seine zweite Frau, Agnes von Schlesien-Liegnitz, die hocharistokratische Verwandtschaft des vornehmen polnischen Fürstenhauses der Piasten. Und den Sohn und Nachfolger Eberhard I., genannt „der Erlauchte".

Ein Kaiserschnittkind als Stammhalter

Der jungen Frau war ein trauriges Schicksal beschieden. Sie war kaum 23 Jahre alt, da starb ihr um vieles älterer Ehemann am 25. Februar 1265. Kurz danach brachte sie unter großen Anstrengungen den gemeinsamen Sohn zur Welt: Als „nonnatus", als ein „Ungeborener", wurde er durch Kaiserschnitt geboren, was damals den sicheren Tod der Mutter bedeutete.
Das Kind überlebte. Man pflegte Frühgeborene oder Kaiserschnittkinder im „Brutkasten", das heißt im warmen Fell eines frisch geschlachteten Tieres oder in warmer Speckhaut zu erhalten. So war man auch mit dem kleinen Erben des Hauses Württemberg verfahren. Die Mutter jedoch war nicht mehr zu retten. Am 13. März 1265 folgte Agnes ihrem Mann ins noch frische Grab.

Städte Ulm, Reutlingen, Esslingen und Stuttgart wurden gnadenlos heimgesucht. Das große Sterben erfasste während der verheerendsten Pestjahre von 1347 bis 1352 unaufhaltsam ganz Europa. Von China war die Pest über die Hauptkarawanenwege durch Indien, Persien und Russland in den Vorderen Orient gelangt, wo sie auf italienische Handelsschiffe übersprang und auf zwölf genuesischen Galeeren im überraschten Messina mit der Handelsware und den Matrosen von Bord ging. Die Menschen waren dieser Krankheit hilflos ausgeliefert. Ein Mensch, der am Tage gesund gewesen war, konnte in der Nacht schon tot sein. Und keiner wusste, warum, woher diese furchtbare Krankheit kam und wie man sie bekämpfen könnte.

Erscheinungsformen der Pest

Die Pest trat in zwei Formen auf. Als Lungenpest, wie man heute weiß durch Tröpfcheninfektion von Mensch zu Mensch übertragen und unweigerlich zum Tod führend, und als Beulenpest, mit schmerzhaft anschwellenden und geschwürig zerfallenden Leistenlymphknoten. Schwarze Flecken breiten sich über den ganzen Körper aus, daher der Name „schwarzer Tod". Der Erreger, das Bakterium „Yersinia Pestis" befällt Nagetiere, insbesondere Ratten, und den Menschen und wird vom Rattenfloh durch den Biss eines an der pestkranken Hausratte infizierten Flohs beim Menschen übertragen. „Wenn die Ratten zu fallen beginnen, ist es Zeit, das Haus zu verlassen", so eine indische Redensweise. Meist geht der Menschenpest eine Rattenpest voraus. Auch durch Ausscheidungen wie Kot oder Blut wird die Krankheit weitergetragen.

Die sterbende Agnes soll ihre Einwilligung zum Kaiserschnitt mit folgenden Worten gegeben haben: „ Nehmet denn das Kind von mir und wenn es lebt, so gibt es allem Lande zu Schwaben zuschaffen mit Kriegen." So rührend diese Überlieferung sein mag: Dass Eberhard I., „der Erlauchte" (1265-1325), später eine kämpferische Gestalt werden würde und seinem Land gezwungenermaßen viele Kriege zumutete, musste ihm nicht unbedingt in die Wiege gelegt worden sein. Die politischen Verhältnisse verlangten es so, zumindest aus damaliger Sicht. Immerhin sollte es dem „Ungeborenen" gelingen, während seiner ungewöhnlich langen Regierungszeit von 46 Jahren (1279-1325) die Herrschaft Württembergs auszudehnen und zu sichern.

Der lange Kampf um Selbstbehauptung: gegen die Reichsstädte und Habsburgs Machtgelüste

Eberhards Hauptkonkurrenten bei der Beherrschung weiter Teile Schwabens wurden für ihn – und noch lange Zeit für seine Nachfolger ebenfalls – die Habsburgerkönige und deren Reichsstädte wie Esslingen oder Reutlingen und viele andere, die sich in Reichsbünden zusammengeschlossen hatten. Im Kampf um Macht und Einfluss kam es zwischen ihnen und den Württembergern immer wieder zu kriegerischen Auseinandersetzungen und verlustreichen Schlachten.

Eberhards Hauptgegner Rudolf von Habsburg versuchte, wie bereits erwähnt, das frühere Herzogtum Schwaben wieder herzustellen und den ehemaligen Reichsbesitz in seine Macht zu bringen. Große Teile davon waren jedoch inzwischen längst in den Händen der Württemberger, und so

Die mittelalterliche Miasmentheorie

Davon wussten die Menschen damals noch nichts. Sie dachten, für die furchtbare Krankheit sei schlechte Luft, so genannte Miasmen, verantwortlich. Der Glaube oder besser Irrglaube, Infektionen übertrügen sich durch „giftige Dämpfe" aus der Luft, die mittelalterliche Miasmentheorie, war noch weit ins 19. Jahrhundert hinein verbreitet.

Man wusste nicht, dass die Pest gerade auch durch den Eiter aus den aufgeschnittenen Pestbeulen und das Blut bei den beliebten Aderlässen übertragen wurde und wandte diese beiden Methoden sehr häufig an, nichts ahnend, dass dies alles nur noch schlimmer machte. Auch dass Geschirr, das der Kranke benutzt hatte, sein Bettzeug, seine Kleidung hoch infektiös waren, verstanden die Menschen nicht und trafen deshalb auch keine entsprechenden Vorsichtsmaßnahmen.

Die Ärzte standen entsprechend dieser Unkenntnis machtlos vor den Kranken. Kräutertränke oder Senfpflaster wurden ebenso nutzlos verabreicht wie Duftstoffe oder Kampfer in Räucherpfannen in den Krankenstuben verbrannt. Letzteres hielt wenigstens die Ratten ab.

Symptome und Krankheitsverlauf

Die an der Pest Erkrankten entwickelten schlagartig hohes Fieber, fantasierten mit lallender Sprache, taumelten wie Betrunkene und waren, wie mittelalterliche Quellen glaubhaft berichten, oftmals so unruhig, dass sie sich nackt auszogen und auf die Straße liefen, mit apathischem Gesichtsausdruck, von großen Kopf- und Gliederschmerzen gequält. Ihre Lymphdrüsen im Achselhöhlen- und Leistenbereich schwollen ei-, ja sogar apfelgroß an.

musste Habsburgs Anliegen den natürlichen Widerstand der württembergischen Grafen hervorrufen.

Belagerung von Stuttgart

Um seiner Forderung auf Herausgabe des sich nunmehr im Besitz der Württemberger befindlichen ehemaligen Reichsgutes Nachdruck zu verleihen, ließ König Rudolf von Habsburg die Grafschaft verheeren und belagerte 1287 ganze sieben Wochen lang Stuttgart, ja zwang am Ende die der königlichen Übermacht unterlegene Stadt zur Schleifung der Stadtmauern.

Was das blutende, ausgehungerte Volk der Württemberger dazu sagte? War es dem einfachen Mann nicht egal, welcher Herr ihn zur Fron und hohen Steuerabgaben oder zum todbringenden Kriegsdienst zwang? Herr ist Herr, sei es ein Habsburger König oder ein Württemberger Graf? Lassen wir dazu die Volksüberlieferung sprechen. In schlimmster Bedrängnis sollen in jenen Belagerungszeiten die „treuen Kinder" ihren Grafen Eberhard den Erlauchten so uneigennützig und aufopferungsvoll bewacht haben, dass es selbst den Kaiser rührte. „Lass' den Vater mich begrüßen, der so treue Kinder hat", so soll er am Tage nach der Niederlage der Württemberger anerkennend gesagt haben.

„Stuttgarts Bürger stehen jedem Angriff Trotz und Hohn", so heißt es noch in Karl Grüneisens im 19. Jahrhundert entstandenen Gedicht „Die besten Mauern".

Und es weichen jetzt die Mauern,
Und die Feinde jubeln sehr,
Und der Graf beginnt zu trauern,

In beinahe der Hälfte der Fälle erfolgte der Tod vier Tage nach Fieberausbruch durch eine Lähmung des zentralen Nervensystems.

Der schwarze Tod machte keine Ausnahme zwischen Arm und Reich. Gnadenlos raffte er die Menschen in den Städten und in den Dörfern in nur wenigen Tagen dahin. Allerdings konnten sich die Reichen meist schnell aus den engen Städten auf ihre Landgüter retten, sobald eine Seuche ausbrach. Auch waren in deren Häusern die hygienischen Bedingungen weit besser.
Verantwortlich für den schwarzen Tod wurden Minderheiten gemacht, Juden oder auch „Hexen", die angeblich die Brunnen vergiftet hätten, und es kam zu grausamen Pogromen, in denen sie aus den Städten und Dörfern verjagt oder gar ermordet wurden.

Reaktionen der Menschen

Die einen nahmen das Unglück als eine Strafe Gottes und zogen sich selbst kasteiend barfuß mit Psalmsprüchen auf den Lippen im Büßergewand durch das Land. Solche Geißlerzüge so genannter Flagellanten gehörten zum Bild der Pestjahre. Sitten und Bräuche, Anstand und Recht zerfielen vielerorts in diesen schweren Zeiten. Eine tiefe geistige, seelische und moralische Krise erfasste die Menschen. Der Humanist und Mitbegründer des Zeitalters der Renaissance, Francesco Petrarca, fasste diese Angst und das allgegenwärtige Gefühl der Vergänglichkeit alles Irdischen in eindrucksvolle Dichtung. Er hatte seinen Sohn und die Geliebte und Muse seiner Gedichte, seine Laura, durch die Pest verloren.
Andere wiederum gaben sich wie zum Trotz

Denn des Kaisers Zorn ist schwer.
Aber aus den offnen Lücken
Tritt hervor manch Angesicht,
Brust an Brust zusammenrücken,
Und die Mauer selber ficht.

Diese Treue der Württemberger zu ihren Herrschern sollte auch in weiteren Jahrhunderten immer wieder beschworen werden. Von Graf Eberhard II. wird in der Hirsauer Chronik und in einem Gedicht Ludwig Uhlands berichtet, wie er sein Leben nur der Treue eines ortskundigen Hirtenknaben aus seinem Volke zu verdanken hatte, der ihm zur Flucht verhalf, als er seinen „narbenvollen Leib" schutzlos in der heißen Quelle zu Wildbad im Schwarzwald pflegte und vom feindlich gesinnten Grafen Eberstein überfallen wurde.

„Furchtlos und treu"

Viele Jahre später wurde im Zuge dieses das Haus Württemberg schwächenden Konfliktes sogar die Stammburg zerstört. Die freie Reichsstadt Esslingen hatte damals in Vertretung der Reichsmacht die Burg Württemberg, Stuttgart und andere württembergische Städte in Besitz genommen. Erst durch einen Wechsel an der Spitze des Reiches konnte Graf Eberhard I. allmählich seine Grafschaft wiedergewinnen. Seinen Nachfolgern gelang es schließlich das Land zu halten, ja durch geschickte Heiratspolitik sogar zu erweitern.

Auch in der Generation nach Eberhard I. hielten die Kämpfe gegen die Reichsstädte an. Gerade im ehemaligen Herzogtum Schwaben waren diese auch nach dem

allem Genuss und allen erdenklichen Sinnesfreuden bis zum Exzess hin und ertränkten ihre Todesängste in Luxus und Ausschweifung. Wer konnte und vermögend war, floh aus dem Elend der Städte auf einsame Landgüter, wie die jungen Leute in Boccacios während der Pestjahre von 1349 bis 1353 entstandenen Novelle „Decamerone", die dem beklemmenden Schreckensbild der Pest durch unbeschwerte daseins- und sinnenfrohe Erzählungen zu entfliehen suchten.
Viele Künstler waren fasziniert, ja gebannt vom Triumph des Todes und formten das Erlebte und Gesehene zu Kunstwerken. Berühmt sind die makabren Bilder vom Totentanz. Der Tod nimmt „Jedermann", im Reigen tanzend, Papst, König, Arzt, Mönch und Nonne, Bauer und Bettler zu sich. Keinen verschont er, alle sind gleich vor ihm.

Ursachen der Pestepidemie

Die Ursachen für die rasche epidemieartige Ausbreitung der Pest, aber auch anderer Seuchen, ist in den Lebensbedingungen und Lebensgewohnheiten vor allem in den Städten zu suchen: Mangelnde Hygiene und enges Zusammenleben in den beengten Wohn- und Schlafstätten, das Fehlen von sanitären Anlagen und von Abwasserversorgung. In den schmalen Gassen lagen oft Abfälle und Fäkalien, es wimmelte von allerlei Getier und dies bot einen idealen Aufenthaltsort für Krankheitserreger.

Auch wenn die Menschen damals die wirklichen Krankheitsursachen nicht kannten – erst 1894 wurde der Erreger der Pest entdeckt und durch den Arzt Yersin nachgewiesen –

Zusammenbruch des einst mächtigen, Städte gründenden Stauferhauses noch recht mächtig, vor allem durch den Handel und ein aufblühendes Handwerkertum, das sich ähnlich den Gilden der Kaufleute in Zünften organisierte und so immer mehr an Einfluss und Stärke gewann.

Die herausragende Gestalt an der Spitze der Württemberger im 14. Jahrhundert war Graf

Mit einem Übermantel und einer Gesichtsmaske suchten sich die Pestärzte vor Ansteckung zu schützen.

„Vorsichtsmaßnahmen" sollen die Ausbreitung der Seuche verhindern

so erahnten sie durchaus einen Zusammenhang zwischen Hygiene und Infektion und reagierten mit Maßnahmen zur Isolierung der Kranken. Pestbefallene Häuser wurden mit Kreuzen gekennzeichnet, versiegelt und mit Zutrittsverbot belegt. Noch verbliebene Bewohner, meist die Angehörigen der Pestkranken, durften das Haus nicht mehr verlassen. Nahrung wurde manchmal von mitleidigen Nachbarn vor der Türe abgestellt. Viele Kranke starben einsam und verlassen. Nur wenige Ärzte oder Priester wagten es, sich der Unglücklichen anzunehmen.

Hafenstädte versuchten, wie beispielsweise Marseille im Jahre 1384, die Pest durch eine Isolierung der Schiffsbesatzung abzuwehren. Während einer 40-tägigen Quarantäne durfte sie das Schiff nicht verlassen. Da aber, infolge des Drängens einflussreicher Kaufleute und Händler, die auf ihre Geschäfte nicht verzichten wollten und Angst um ihre Ware hatten, gleichzeitig die Ladungen der Schiffe gelöscht wurden, gelangten infizierte Ratten und mit ihnen der schwarze Tod dennoch in die Stadt.

Viele Städte errichteten in jenen Jahren außerhalb der Stadtmauern Spitäler, möglichst an einem Wasserlauf gelegen, in denen die Kranken isoliert wurden. Oft funktionierte man ehemalige Leprosenanstalten zu Pesthäusern um, die strengstens bewacht wurden. Mancherorts dienten einfache Hütten als Feldsieche, in denen die Kranken eben auf den Tod warteten. In ihrer Not fanden die Menschen nur noch Zuflucht in ihrem Glauben. Sie riefen den Heiligen Rochus oder den Heiligen Sebastian um Hilfe an. Beide galten als Pestheilige.

Eberhard der Greiner

Eberhard II., auch als „der Greiner" oder „der Zänker" bekannt (geboren nach 1315, gestorben 1392). Dieser Enkel Graf Eberhards I., des „Erlauchten", war eine kraftvolle, zielstrebige Herrscherfigur. Mit einer Regierungszeit von 48 Jahren übertraf er seinen Großvater sogar noch.

Auch Eberhard II. musste großes Geschick als Kriegsherr beweisen, doch auch als diplomatischer, virtuoser Territorialpolitiker. Herrschaftskrisen des gegnerischen Königtums und Dynastiewechsel oder die Doppelwahl von zwei Kaisern nutzte er geschickt zu seinen Gunsten aus. Dennoch blieben ihm und seinem Volk Kriege nicht erspart. Hatte seine Großvatergeneration den Kampf mit dem Königtum direkt zu bestehen, so führte Eberhard II. Kriege gegen die dem König oder Kaiser verpflichteten Städte.

Ermüdende Kriege gegen die Reichsstädte

Beinahe acht Jahrzehnte lang hatten die Württemberger Herren im 14. Jahrhundert als königliche Landvögte von Niederschwaben die für sie finanziell einträglichen Städte trotz immer wieder aufflammender Scharmützel unterdrücken können, dann nahmen diese den Kampf um ihre Selbstständigkeit durch den Zusammenschluss in Städtebünden erneut wieder auf und konnten, wenn auch nicht siegen, so zumindest sich behaupten. Hauptgegner Württembergs waren die Reichsstädte Esslingen, Reutlingen und Ulm.

Dreimal kam es zu Schlachten, von denen die erste bei Altheim auf der Schwäbischen Alb mit dem Sieg für Württemberg, eine weitere 1377 hingegen in der Schlacht bei

In kritischen Jahren benötigten Reisende einen so genannten „Pestpass", wenn sie in fremde Städte eingelassen werden wollten. Dieser bestätigte ihnen vom Bürgermeister oder dem Rat der Stadt, aus der sie kamen, dass Stadt und Umland seuchenfrei „voll guter reiner Luft" seien.
Die Pestknechte wurden der Leichenberge gar nicht mehr Herr. So wurden Sterbezimmer einfach verrammelt und befallene Häuser mit Räucherwerk aus Weinreben, Lorbeerzweigen in oft riesigen Mengen „desinfiziert".

Redewendungen, die auf die Pestjahre zurückgehen

Viele Gewohnheiten und Redewendungen gehen auf die Pestjahre zurück. Als Niesen und Nasenbluten oft erste Anzeichen der tödlichen Krankheit waren, wünschte man beschwörend „Gesundheit", wenn jemand niesen musste.
Der Gestank, der in den eng bebauten Städten und Dörfern von den Leichen ausging, die oft gar nicht beerdigt werden konnten, nicht zuletzt weil in manchen Gegenden alle verstorben oder geflohen waren, muss alles Vorstellbare übertroffen haben. „Es stinkt wie die Pest" oder „er meidet ihn wie die Pest" sind noch heute gebräuchliche Ausdrücke, die ihren Ursprung in jenen Schreckenszeiten haben.

Mit der verheerenden Pestwelle von 1348/49 war das Schreckgespenst schwarzer Tod zum ersten Mal durch Europa gezogen. Auch die folgenden Jahrhunderte wurden immer wieder von Pestwellen überzogen. Besonders schlimm wütete die Pest im Dreißigjährigen Krieg. In Württemberg erwiesen sich die Jahre 1635/36 als katastrophal. Schon 1606 war die

Die Schlacht bei Döffingen 1388

Reutlingen mit einer verheerenden Niederlage für die Württemberger endete. Die berühmteste Schlacht fand im Jahr 1388 bei Döffingen in der Nähe von Weil der Stadt statt. Der damals inzwischen über 70-jährige Graf Eberhard II., der Greiner, gewann zwar die Schlacht, verlor jedoch im Kampf seinen Sohn. Welch ein Sieg! Welch ein Verlust!
Dieses tragische Ereignis ist bis heute in Liedern und Balladen von Friedrich Schiller bis Ludwig Uhland im Bewusstsein der Bevölkerung geblieben. In Uhlands Gedicht „Graf Eberhard der Rauschebart" heißt es :

Zu Döffingen im Dorfe,
Da hat der Graf die Nacht
Bei seines Ulrichs Leiche,
Des einz'gen Sohns, verbracht;
Er kniet zur Bahre nieder,
Verhüllet sein Gesicht;
Ob er vielleicht im Stillen
Geweint, man weiß es nicht.

Der militärische Sieg über die Reichsstädte bedeutete nicht, dass sie dem Haus Württemberg einverleibt worden wären. Auch ihre wirtschaftliche Kraft war nicht gebrochen. Doch als geschlossene Macht in einem Städteverband traten sie nun zurück und die Grafen von Württemberg konnten die politische Macht im Gesamtterritorium dauerhaft behalten.

Dennoch gab es keinen eindeutigen Sieger. Ob das Ergebnis jahrzehntelanger Kämpfe, nämlich ein Patt, die Verluste rechtfertigen konnte, bleibt fraglich. Immerhin hatte man

Pest umgegangen und 1608 wüteten Pest und Fleckfieber in manchen Städten derart, dass beispielsweise die gesamte Universität Tübingen verzweifelt nach Calw floh.
Vereinzelt flackerte die Pest sogar noch bis ins 18. Jahrhundert auf, danach erlosch sie zumindest in Europa allmählich.
Zu den Gründen für den Rückgang der Pest zählt die Ablösung der Holzhäuser durch Steinhäuser nach einigen großen Feuersbrünsten im 16. Jahrhundert, die zunehmende Sauberkeit der Innenräume und ihrer Bewohner, aber auch die Verbannung der Kleintiere aus dem Wohnbereich.

Ausgestoßen – Leprakranke in der Isolation

Die Pest war jedoch lange nicht die einzige Krankheitsgeißel, der die Menschen schutzlos ausgeliefert waren.
Ebenso gefürchtet war die schon in der Bibel beschriebene Lepra, im Volksmund auch Aussatz genannt. Im wahrsten Sinne „ausgesetzt" wurden die von dieser körperlich entstellenden Krankheit befallenen Menschen. Die Haut verändert sich fleckenförmig und die Nerven- und Lymphsysteme sind derart gestört, dass es zu Verstümmelungen und Lähmung der Gliedmaßen, zu Verkrüppelung und Erblindung kommt. Aus Angst vor Ansteckung wurden die Erkrankten gnadenlos auf Lebenszeit aus ihrer Familie und aus der Gesellschaft ausgestoßen und mussten wie zu biblischen Zeiten im „Tal der Aussätzigen" ihr Leben außerhalb der Siedlungen und Städte in eigens dafür bestimmten Lepra-

einen modus vivendi gefunden, und allmählich kam es zu einer Besserung des Verhältnisses zu den Reichsstädten – die Diplomatie konnte wieder Einzug halten. Sie war auch die Stärke des Enkels von Eberhard II., Eberhard III. (1362-1417), dessen Vater Ulrich in der Schlacht von Döffingen gefallen war und der am Todestag seines Vaters selbst einen Sohn bekam, den späteren Eberhard IV. Eberhard III. zeichnete sich als Mann des Ausgleichs und des Verhandelns aus. Sein Beiname „der Milde" wurde von seinen bis dahin kriegsgeplagten Untertanen gewiss mit Dankbarkeit ausgesprochen.
Für die Menschen im Land waren jene Jahre des 14. Jahrhunderts schlimme Zeiten. Der Krieg brachte Verwüstung der Felder, Zerstörung der Dörfer, Raub, Vergewaltigung und Mord, Gefallene und Invaliden. Hinzu forderte die Pest unter der Bevölkerung ihren Tribut.
Durchziehende Heere brachten oft Seuchen mit, und es spielte für die Bevölkerung kaum eine Rolle, ob sie in ihren Häusern und auf ihren Höfen eigene Soldaten oder feindliche zu beherbergen hatte. Beide „fraßen alles kahl", verbrauchten die Vorräte für den Winter und nahmen in ihren Forderungen nach Verpflegung keine Rücksicht, ob dabei das Saatgut auch noch angegriffen werden musste und damit die Ernte für das kommende Jahr auf dem Spiel stand. Am schlimmsten war es für die Bevölkerung, wenn die Soldaten, seien es „eigene" oder feindliche, ihr Winterlager bei ihnen aufschlugen. Dies bedeutete neben

häusern verbringen. Wenn sie Glück hatten, wurden sie dort von barmherzigen Schwestern oder Mönchen notdürftig versorgt, manchmal auch mit städtischen Mitteln aus der Armenfürsorge oder aus frommen Stiftungen unterstützt. Meist waren sie jedoch mehr oder weniger auf sich selbst gestellt. Viele blieben sich und ihrem Elend selbst überlassen oder pflegten sich gegenseitig.

Siechenhäuser in den Städten

In wohlhabenden Städten gab es zum Teil Siechenhäuser, vorbildliche Einrichtungen, die meist vor der Stadtmauer, im besten Falle an schwefelhaltigen Heil- und Mineralquellen gelegen waren, in die sich reichere Kranke mit Pfründen einkaufen konnten. Die Siechenhäuser wurden von Geldern unterhalten, welche gläubige Bürger stifteten im Glauben daran, sich mit dieser guten Tat ein Stück eigenes Seelenheil erkaufen zu können.

Da man die Ursache der Krankheit nicht kannte, behalf man sich mit allerlei fantastischen Erklärungen. Die Krankheit wurde als Strafe für ein lasterhaftes Leben gesehen, man warf den Kranken frühere Völlerei und Unzucht vor und fürchtete ihren angeblichen „bösen Blick".

Sobald ein Aussätziger das Siechenhaus verließ, musste er eine Lepraklapper, ein Horn oder eine Glocke bei sich tragen, um Gesunde, die ihm begegneten, zu warnen und vor versehentlicher Berührung zu schützen. Almosen, auf die sie dringend angewiesen waren, sammelten die Kranken mithilfe eines Hand-Opferkastens. Dieser hatte einen langen Griff, damit beim Opfern direkte körperliche Berührung stets vermieden werden konnte.

Heute weiß man, dass Lepra durch Schmierinfektion durch einen bakteriellen Erreger

allerlei Unordnung und so manchem geschwängerten Mädchen meist keine Aussaat wegen Saatgutmangels im Frühjahr und Hunger im Winter.

Viele Menschen in besonders heimgesuchten Landesteilen, vor allem Bauern, flohen. Die Flucht der Menschen nahm gegen Ende des 14. Jahrhunderts solche Ausmaße an, dass der Graf von Württemberg in seiner Eigenschaft als Regent seiner Bevölkerung den Eid abnahm, niemals ohne Erlaubnis aus seinem Herrschaftsgebiet wegzuziehen.

Aber auch das Herrscherhaus selbst war betroffen. Die ständigen kriegerischen Auseinandersetzungen mit den süddeutschen Reichsstädten hatten zur Folge, dass sich das Haus Württemberg in akuter Geldnot befand. Eine reiche Heirat kam also gerade recht.

Liebe und Luxus aus Italien: Antonia Visconti

Antonia Visconti, die Auserwählte Graf Eberhards III., brachte 1380 aus ihrer italienischen Heimat Mailand nicht nur reiche Güter mit in die Ehe, sondern auch Eleganz, Luxus, schöne Kleider und Stoffe, Seide und Pelze in das ausgehungerte Land, auch Bücher und Musikinstrumente. Ja, der Sinn für Musik und Literatur, kurz Geschmack und kultivierter Lebensstil hielten mit ihr Einzug im kriegsmüden Württemberg. In Stuttgarts Schloss zog endlich wieder Lebensfreude ein. Antonia Visconti ließ vor dem Schloss einen wundervollen Ziergarten anlegen. Die „Fraw von Mailant garten" entzückte die Menschen und weckte in ihnen die Freude am Nachahmen einer Gartenbaukultur, die sie bisher ausschließlich unter dem Gesichts-

Ein Geiger spielt zwei Damen zum Tanz auf. Buchmalerei, um 1340.

übertragen wird, der allerdings erst im Jahr 1874 von dem Norweger Hansen identifiziert wurde. Durch Antibiotika kann man die Krankheit heute heilen, sie ist nahezu ausgestorben.

Cholera und Typhus

Auch zwei andere damals sehr gefürchtete und tödliche Krankheiten, welche sich schnell und seuchenartig ausbreiteten und denen die Menschen massenhaft zum Opfer fielen, nämlich Cholera und Typhus, können heute erfolgreich mit Antibiotika bekämpft werden. Sie tauchen auch heute immer wieder dort auf, wo die Menschen auf schmutziges, verseuchtes Wasser angewiesen sind, also dort, wo die Armut wohnt oder Katastrophen wie Erdbeben oder Überschwemmungen geschehen sind.

Die früher ebenfalls schicksalhaft über die Menschen kommende Pockenkrankheit, die entstellenden und vielfach tödlich endenden „Blattern", sind inzwischen infolge von Impfmaßnahmen im Rückgang begriffen.

Doch bleibt wohl keine Menschengeneration vor den Schrecknissen tödlicher Krankheit verschont. Heute sind es Krebs oder Aids, die den Tod bringen und denen die Menschen wiederum ausgeliefert sind, wenngleich ihr Leiden in den meisten Fällen, verglichen mit den Zuständen im Mittelalter, ungleich besser gelindert werden kann, auch wenn die Ärzte und Forscher diese Krankheiten bisher nur ansatzweise in den Griff bekommen können.

punkt des Nutzens, des Ernteertrags an Obst und Gemüse, nicht aber des ästhetisch Schönen gekannt hatten. Der Blick nach Italien hatte sich für Graf Eberhard den Milden persönlich und für das Land politisch wie kulturell gelohnt. Ob die schöne und kluge Landesherrin Heimweh nach dem reichen, sonnigen Italien hatte, wissen wir nicht. Das zählte damals auch nicht.

„Fraw von Mailant garten" – ein Lustgarten für Stuttgart

Eine zwar weniger glückliche, für das Haus Württemberg jedoch wesentlich günstigere und in der Geschichte des Landes folgenreichere Heirat wurde für den der Überlieferung nach am Tag der siegreichen Schlacht von Döffingen, am 23.August 1388 geborenen Sohn von Antonia Visconti und Eberhard dem Milden arrangiert.

Die Lebenssituation der Frauen im ausgehenden Mittelalter

Die herkömmlichen Vorstellungen von Frauenleben im Mittelalter sind die von Unfreiheit, Unterdrückung und absoluter Abhängigkeit vom Mann. Frauen erscheinen als unmündige Wesen, oft als Kind schon verheiratet oder in ein Kloster gesteckt, als erwachsene Frauen hinter Kloster- oder Burgenmauern verbannt. Dazu scheint das Bild der von Minnesängern verehrten, geliebten adligen Dame auf. Keine Rede jedoch ist von einem selbstbestimmten Leben, von der Teilnahme am öffentlichen Treiben oder gar von Mitbestimmung in politischen Dingen.
All dies trifft nur zum Teil zu und auch nur in bestimmten Situationen und Zeiten. Außerdem macht es einen großen Unterschied, ob es sich um Frauen aus dem Adel, der städtischen Bürgerschicht oder dem Stand der

Mömpelgard und die streitbare Henriette – Württemberg im heutigen Frankreich

„Mögen andere Kriege führen, du, glückliches Württemberg, heirate!" So möchte man dem kleinen Land Württemberg zurufen, wenn man auf sein mit Henriette von Mömpelgard erheiratetes Montbéliard blickt und sich dabei die Vielfalt geistig-kultureller, politischer und ökonomischer Einflussmöglichkeiten im württembergischen wie burgundischen Lebensraum vergegenwärtigt.
Gültigkeit besitzt dies auch für die Beziehungen zwischen Württemberg und Russland, die durch kluge Heiratspolitik mit dem russischen Zarenhaus im 18. Jahr-

Ansicht der Stadt Montbéliard aus dem 17. Jahrhundert.

Frauen beim Waschen, Handschrift aus dem 16. Jahrhundert.

unfreien Bauern handelt. Bei genauerem Hinsehen trifft man auf die Frau aus der Aristokratie, die einerseits in eine Ehe gezwungen ist und andererseits als Regentin ihres Landes Macht ausübt, und deren große Stunde als Witwe schlägt, wenn sie zur Verwalterin von Lehen oder Interimsregentin

hundert geschlossen werden sollten. Davon später mehr.

Württembergische Spurensuche in Frankreich

Zunächst zu einer Spurensuche im heutigen Frankreich, die reiche Beute verspricht. Württemberg und Frankreich, das bedeutet Besitz in der Grafschaft Mömpelgard an der burgundischen Pforte, reiche Weingüter, eine Hochburg des Protestantismus und Gelehrtentums mitten im katholischen Burgund, ein württembergischer Herzog namens Christoph, der am französischen Königshof wichtige Jugend- und Lehrjahre verbringt, was ihn bald zu einem begehrten Ratgeber und Fürsprecher auf beiden Seiten werden lässt. Ein württembergisches Musterstädtchen mitten im schönsten elsässischen Weinland namens Reichenweiher, eine alte evangelische Kirche mitten in Montbéliard, ein vom Herrenberger Baumeister Schickhardt erbautes Renaissanceschloss in dieser Stadt, ein Mélac-Türmchen in Esslingen und die damit verbundenen grausamen Erinnerungen an die Zeit der Morde, Plünderungen und Brandschatzungen im deutschen Südwesten durch den Franzosengeneral Mélac im ausgehenden 18. Jahrhundert. Sprachliche Assoziationen stellen sich ein wie vielen Ohren merkwürdig klingende Ausdrücke, die durchaus in der Volkssprache im Schwäbischen noch lebendig sind, etwa „Potschamberle" („pot de chambre" für „Nachttopf") oder „S' Kelerettle" („quelle heure est-il?" – „wie viel Uhr ist es?" für die Armbanduhr) – dies alles ist im kollektiven Gedächtnis der Menschen in Württemberg gespeichert.

Eigentlich war es eine Frau, ein junges

für ihren minderjährigen Sohn wird.
Oder auf die Bürgersfrau einer freien Reichsstadt, die als Händlerin, Marktfrau, Handwerkerin etwa im Textilgewerbe, als Wäscherin, Köchin oder Hebamme erstaunliche Freiheit und Selbstständigkeit genießt, als Tagelöhnerin ihr karges Leben fristet oder, durchaus nicht unüblich, Schwerstarbeit im Straßenbau leistet.
Und schließlich trifft man die Bäuerin und Magd auf dem Feld, in Haus und Stall, den kargen Lebensunterhalt für sich und die Familie mehr schlecht als recht sichernd.
Alle mussten sich den Regeln einer ganz auf den Mann zugeschnittenen patriarchalischen Gesellschaftsstruktur unterwerfen.

Frauen aus dem Adel

Für Frauen aus dem Adel wurden Eheabsprachen schon im Kindesalter, oft bereits kurz nach der Geburt getroffen. Geheiratet wurde aus allen möglichen Gründen, nur nicht aus Liebe. Geachtet wurde auf den Zugewinn an Macht, Einfluss und Vermögen, auf den Erhalt der Dynastie, auf Friedenssicherung zwischen Ländern und auf politische Bündnisse, die man über familiäre Verknüpfungen erreichen konnte, nicht jedoch auf das Glück der Brautleute. Das Alter der Mädchen lag im Adel bei zwölf bis 14 Jahren, oft wurde das Mädchen zur Erziehung schon viel früher in die Familie des Bräutigams gegeben und die Brauteltern hatten keinen großen Einfluss mehr auf das Wohlergehen ihres Kindes. Der junge Mann blieb der Familie, der er entstammte, zugehörig, die junge Frau hingegen musste sich als Fremde bewähren.
Auch die Angehörigen der städtischen Oberschicht scheuten keineswegs vor der Mädchen, welche den Anfang machte, oder besser gesagt, mit welcher der Anfang einer Beziehung gemacht wurde, die erst mit der Französischen Revolution enden sollte. Das war im November des Jahres 1397.

Reiches Heiratsgut

Henriette, die Tochter des Grafen Heinrich von Mömpelgard aus dem burgundischen Geschlecht der Montfaucon, überträgt in einem Ehevertrag ihre Herrschaftsgebiete an ihren Ehemann Eberhard von Württemberg, genannt „der Jüngere“ (um 1388-1419). Es handelt sich um die größte Erwerbung, die das Haus Württemberg im Verlauf seiner Geschichte auf dem Heiratswege machen konnte, ein großflächiger Herrschaftskomplex in der wichtigen Durchgangslandschaft vom Sundgau zur Freigrafschaft Burgund, heute Franche-Comté. Sie bedeutete nicht nur politisch-strategischen Einfluss, sondern auch wirtschaftlich ein Potenzial. Man denke nur an die damit verbundene Nähe zum finanziell starken und kulturell anziehenden Burgund oder an die reichen Einkünfte aus dem Weinhandel in den elsässischen Gebieten, wo die Württemberger bereits 1324 mit dem Erwerb der Grafschaft Horburg Fuß gefasst hatten.

Henriette muss eine energische, zupackende selbstbewusste Frau gewesen sein. „Ein herzenhafte Fraw wie ein Mann“, so hat sie ein Zeitgenosse beschrieben, was durchaus nicht als Kompliment gemeint war, und „eine scharpfe Schulmeisterin“, vor der nicht

Verbindung zweier Familien zu beiderseitigem materiellen Nutzen zurück, ohne ihre Kinder darüber vorher zu befragen. Patrizier-Kaufmannsfamilien gingen dabei mit unverhohlener, eindeutig politisch-ökonomischer Motivation nach dem Motto vor: „Gleich und Gleich gesellt sich gern", und zwar zum Erhalt oder zur Vermehrung des Vermögens oder, wie man auf Schwäbisch sagt: „ dass s' Sach' z'samme bleibt".

Frauen aus dem Bürgertum

Da die bürgerlichen Familien ihre Kinder gewöhnlich etwas später verheirateten als es im Adel üblich war, konnten sich unter den jungen Leuten eher Kontakte und selbst gesuchte Liebesbeziehungen entwickeln und schließlich auch Ehen auf der Grundlage gegenseitiger Zuneigung geschlossen werden. Oder aber umgekehrt Konflikte mit den Eltern entstehen, die andere Vorstellungen vom zukünftigen Ehepartner ihrer Kinder hegten als die jungen Leute selbst.

Ein Großteil der Mädchen und Frauen akzeptierte diese „Zwangsehen", ja sie identifizierten sich mit einer solchen Lebensführung und deren praktischen Vorteilen. Ehe hatte vor allem mit Besitz, eventuell mit Reichtum, Macht und Politik zu tun, wenig mit Liebe oder gar Selbstverwirklichung, ein Begriff, den die Frauen damals überhaupt nicht kannten.

Es gab auch Mädchen, die sich nicht in eine befohlene Ehe fügten. Ihr Widerstand äußerte sich nicht selten in der Flucht in eine Krankheit, es sind sogar Fälle bekannt, in denen sich die Mädchen „dem Dämon ergaben", sich vom Teufel besessen und damit für eine Ehe untauglich zeigten. In Extremfällen schreckten sie auch nicht vor Selbstverstümmelungen zurück. Die Chancen für ein Entkommen

nur der Graf von Zollern in die Knie gegangen sei, sondern die auch noch zuzeiten König Wilhelms II. in Stuttgarts Neuem Schloss Respekt gebietend präsent war: Ein Freskenzyklus zeigte dort die Niederwerfung des einstigen Aggressors, dessen Burg im Hintergrund brennt, dessen Fahnen zerfetzt und dessen Schild zerbrochen sind. Er kniet vor der triumphierenden Henriette, wobei im Hintergrund die württembergischen Fahnen und Lanzen samt Schild mit den Hirschstangen aufrecht prangen. Als im 19. Jahrhundert Preußen immer mächtiger erschien, wurde dieses Historiengemälde von so manchem Württemberger mit Genugtuung empfunden. Nach den Worten einer Dekanswitwe als „a rechte Herzensstärkung" wurde das Gemälde bei Besuchen aus Preußen je nach Bedarf diskret mit Lorbeerbäumen verhüllt oder offen vorgezeigt. Die persönliche Beteiligung Henriettes, damals bereits Witwe, an der Einnahme der Burg Hohenzollern 1422/23 ist zwar unwahrscheinlich, doch in der Erinnerung der Württemberger lebt die Geschichte von der Schwert schwingenden Gräfin in goldener Rüstung weiter.

Zwiespältige Beurteilung der Henriette von Mömpelgard

Die Beurteilung der Henriette von Mömpelgard, die nach dem Tod ihres Vaters 1397 mit dem Sohn Eberhards des Milden von Württemberg und seiner Gemahlin Antonia Visconti vermählt wurde, fällt zwiespältig und widersprüchlich aus. Ihr Mann Eberhard der Jüngere war damals gerade neun Jahre alt, sie selbst höchstens dreizehn; ihr Geburtsdatum kann nur unge-

waren nicht gut für die potenziellen Bräute. Ebenso wenig allerdings auch für die jungen Männer, denen bei Widerstand oft mit Kerker oder gar Enterbung gedroht wurde.

Das höchste Maß an Selbstbestimmung äußerten solche Frauen, für die ein Eheleben vorgesehen war, die jedoch gegen den Willen der Familien ein klösterliches Leben als Nonne durchsetzten.

Am wenigsten Widerstand boten jene adeligen Bräute, welche bereits im Kindesalter zwischen drei und fünf Jahren in die Familie und an den Hof ihres zukünftigen Mannes zur Erziehung gegeben worden waren und hier ihr Zuhause schon vor der Eheschließung gefunden hatten. Die meisten Burgen waren für die Unterbringung eines Paares mit seinen Kindern samt Gesinde konzipiert.

Der Mann hat die Vormachtstellung

Dem Ehemann wurde eine absolute Vormachtstellung über seine Frau eingeräumt, die Verfügungsgewalt über Leib, Leben und Eigentum sowie ein Züchtigungsrecht. Die Frau war Eigentum zunächst ihres Vaters, dann ihres Ehemannes, der über ihr Vermögen verfügte und sie vor Gericht vertrat. Er durfte sie schlagen und strafen, ohne dafür rechtlich belangt zu werden. Die Gerichtsbarkeit über die Ehe lag im Wesentlichen bei der Kirche. Sie entschied über die Rechtmäßigkeit einer Ehe oder Nichtigkeitserklärungen in Ehetrennungsverfahren, die sie sich von Fall zu Fall gerne auch gut bezahlen ließ.

Die Unauflöslichkeit der kirchlich geschlossenen Ehe, die sich seit etwa dem 11. Jahrhundert durchgesetzt hatte, ist gewiss auch als Schutz der Frau vor Verstoßung durch den Ehemann zu werten. Frauen konnten bei

fähr aufgrund der Eheschließung ihrer Eltern rekonstruiert werden.

Die schon früh zur Vollwaise gewordene Henriette hatte es schwer. Die Menschen gingen hart mit ihr ins Gericht in ihrem Urteil über eine Frau, die, schon in jungen Jahren zur Witwe geworden, die Regierung ihres Landes Mömpelgard, aber auch Württembergs in Vormundschaft ihrer noch minderjährigen Kinder in herausragender Weise übernommen hatte.

Eine junge Witwe übernimmt die Regierungsgeschäfte

„Die Gräfin durfte aber wohl eine erkleckliche Mitgift bringen, denn von dem Gift, durch welches der Hausfriede und das eheliche Leben vergiftet wird, besaß sie auch eine ziemliche Portion. Sie hatte ein herrschsüchtiges, eigensinniges Wesen und war in ihrem Benehmen gegen Eberhard so widerwärtig, dass er keinen Umgang mehr mit ihr haben wollte.“ Ein zanksüchtiger Charakter wird ihr nachgesagt, die „in ihrem Betragen gegen ihren Gemahl die reiche Erbtochter spielte“. Sie musste sie nicht spielen, sie war es! Gehörten die ihr nachgesagten Charakterzüge wie „herrschsüchtig“ oder „mannhaft“ einem Mann, einem Grafen obendrein, so hätte man dies wahrscheinlich eher akzeptiert.

Henriette musste sehr bald „ihren Mann stehen“, denn ihr Ehemann, Graf Eberhard IV., mit dem sie in Stuttgart lebte und der als „friedfertiger, ansehnlicher und gar gütiger Herr“ bezeichnet wurde, jener, der dem König Sigismund auf dessen Vorschlag hin, ihn in den Fürstenstand zu erheben, geantwortet hat: „Lieber ein großer Graf als ein

Ehebruch mit dem Tod bestraft werden, Männer gingen bei gleichem Vergehen völlig straffrei aus.

Die Stellung der Witwen

Mit dem Tod des Eheherrn vergrößerte sich der Spielraum der Frauen, zumindest für wohlhabendere Witwen, die nicht allein auf die Arbeitskraft des Mannes angewiesen waren. In der Rechtsstellung des 13. Jahrhunderts wurde den Witwen relativ große Handlungsfreiheit und Autonomie zugebilligt. Arme Witwen jedoch waren von den karitativen Einrichtungen ihrer Stadt oder ihres Dorfes abhängig, mussten Lohnarbeit leisten, meist bei der Herstellung und Pflege von Kleidung. Und manchmal führte sie die Not auf den Weg der Prostitution.

Umgekehrt hatten gar nicht alle Frauen die Erlaubnis einen Mann zu heiraten. Die vielen leibeigenen Mägde und Knechte oder sonstige Lohnabhängige auf dem Land brauchten zum Heiraten das Einverständnis ihres Herrn, und dieser versuchte oft zu verhindern, dass seine „Seelen" sich mit Partnern verheirateten, die etwa einem anderen Herrn gehörten, da er so Arbeitskraft und Menschenbesitz verlieren würde, anstatt durch die Kinder eigener Leibeigener noch hinzu zu gewinnen. Verständlich, dass die Bauern im Bauernkrieg von 1525 die Abschaffung solcher Heiratsbeschränkungen forderten!

Da eine Eheschließung erst durch die Anerkennung der Kirche rechtsgültig wurde und diese ihren Segen erst gab, wenn auch die Eltern oder, im Falle der eben erwähnten Leibeigenschaft die Herrschaft einverstanden waren, gab es viele heimliche Ehen, so genannte „Winkelehen". Diese bedeuteten jedoch eine große Unsicherheit besonders

Die streitbare Henriette irritiert die Männerwelt

kleiner Fürst", starb früh, 1419 schon mit 31 Jahren, „an einer weit verbreiteten, pestartigen Krankheit". 1414 herrschte eine verheerende Pestepidemie in Süddeutschland, ausgegangen vom durch das Konzil völlig überfüllten Konstanz. „Eine Seuche zerstörte schon im Sommer sein junges Leben, das durch die Stürme, die er in seinem Hause von seiner Gemahlin erfuhr, längst erschüttert war", schrieb ein zeitgenössischer Chronist. Und weiter heißt es: „Sein Tod eröffnete aber ihrer Herrschsucht eine willkommene Aussicht, indem ihr durch dieselbe Vormundschaft über ihre beyden minderjährigen Söhne Ludwig und Ulrich anfiel." Notgedrungen und ihrem Land zum Vorteil hatte diese Frau die Regierungsgeschäfte übernommen, und der Umgang mit ihrer Vormundschaftsregierung, die aus bis zu 32 (!) württembergischen Räten bestand, war bestimmt nicht vergnügungssteuerpflichtig. Bald sind über den „Plagegeist" Henriette auch andere Töne zu vernehmen. Sie habe das Land „nach ihres Hauswirts Tod wol in gueten Friden regiert", „mit großem Ruhm und treffentlicher guter Haußhaltung wider alle Anstöß, mehr als einem Weibsbild müglich sein solt".

Die „femme d'une energie rare" verlobte gleich noch im Todesjahr ihres Mannes den ältesten Sohn und künftigen Landesherrn mit der eben geborenen Tochter des pfälzischen Kurfürsten, Mechthild. Und „hätte sie nichts Anderes getan, als die Ehe ihres Sohnes mit dieser einzigartigen Fürstin anzubahnen, so wäre das schon Grund genug,

für die Frau, denn der Mann konnte sie ohne Probleme wieder davonjagen, und in diesem Falle war sie in keinster Weise abgesichert. Auch Kinder aus solchen Ehen hatten es schwer, denn sie galten als unehelich und waren von der Lehre eines Handwerks oder der Zulassung zu einer Kaufmannslehre oder zu einem anderen „ehrenhaften" Beruf ausgeschlossen. Sie standen schon von Geburt an auf der Seite der Verlierer.

Die Bürgerin aus dem Kaufmanns- oder Handwerkerstand

Vielleicht würden die heutigen Frauen, müssten sie eine Zeitreise ins 13. oder 14. Jahrhundert unternehmen, es am ehesten vorziehen, sich in eine städtische Bürgerin aus dem Kaufmanns- oder Handwerkerstand zu verwandeln. Diese lebten nicht nur in einer gewissen Sicherheit und in relativem Wohlstand, sie genossen auch einige Rechte und vor allem individuelle Freiheiten, so zum Beispiel die der selbstständigen Berufsausübung.

Die Stadtbürger hatten bis zum Ende des 13. Jahrhunderts die Herrschaft der feudalen Stadtherren zu brechen vermocht und sich Eigentum an Arbeitsstätten und –mitteln und an Grundbesitz sowie persönliche Freiheiten sichern können. So erfuhr auch die gesellschaftliche Stellung der Frau eine Aufwertung. Am wirtschaftlichen Aufstieg der Städte hatte sie beträchtlichen Anteil, besonders im Bereich des Handels und des Geldverkehrs. Das verschaffte ihr mit der Zeit auch mehr Rechte.

In Kaufmannsfamilien oblag oft den Frauen die Buchführung, und war der Mann auf Handels- oder Fernreise, so standen sie der-

Henriette dankbar zu sein", so schrieb einmal der Landeshistoriker Decker-Hauff.

Dankbar erwies sich jedoch weder der älteste Sohn noch sein Bruder Ulrich gegenüber der Mutter, von der man ohne Umschweife sagen kann, dass sie zwar eine energische Frau war, vielleicht auch eine herrschsüchtige in dem Sinne, dass sie Freude an der Macht hatte – eine Eigenschaft, die Männern als Führungsstärke positiv ausgelegt würde. Auf jeden Fall war sie eine Frau mit klarem Verstand und politischem Gespür.

Rückzug nach Mömpelgard

Als sie, nachdem ihre Söhne Jahre später volljährig und regierungsfähig geworden waren, versuchte, „trotzig wie sie war", einen Teil ihres Erbes, nämlich ihr eigentliches Eigentum Mömpelgard, der Tochter Anna zukommen zu lassen, internierten diese kurzerhand ihre Mutter in Nürtingen und ließen sie nach Monaten erst wieder frei, nachdem sie für ihre Tochter darauf schriftlich verzichtet hatte.

Danach zog sie sich in ihre Heimat Mömpelgard zurück, wo sie als „bonne comtesse" noch lange Zeit in gutem Andenken stand. Dieses lebt bis heute in einem Weihnachtsbrauch fort, bei dem die Kinder von der „Tante Arie", eine Koseform von „Tante Henriette" beschenkt werden.

Diese zweifellos ungewöhnliche Frau hat mit einer ganzen Grafschaft „samt Zugehör", das heißt weiteren ursprünglich selbstständigen, vererbbaren Besitzungen, großen Wohlstand und politische, religiöse wie kulturelle Einflussmöglichkeiten in Frankreich

weil daheim als Chefin dem Haus und Geschäft vor. Das heißt, sie mussten auch über die hierfür notwendigen Kenntnisse verfügen und eine wie auch immer geartete „Schulbildung" genossen haben, meist zu Hause im Privatunterricht. Im Falle des Todes ihres Mannes konnten sie die „Firma" selbstständig weiterführen.

Frauen arbeiteten als selbstständige Bierbrauerinnen, Bäckerinnen und Wirtinnen, waren als Krämerinnen und im Textilbereich bei der Herstellung, aber auch dem Handel von Wolltüchern und Leinenstoffen tätig. Auch konnten sie Mitglieder von Zünften sein.

Frauen in heilkundigen Berufen

Frauen spielten eine wichtige Rolle bei der sozialen Betreuung und medizinischen Versorgung der Bevölkerung, seien es Nonnen in den Krankenstuben ihrer Klöster, Pflegerinnen in Armen-, Siechen- oder Waisen- und Findelhäusern oder aber freie Hebammen, Baderinnen und andere heilkundige Frauen. In den Städten gab es auch anerkannte, vom Stadtrat zugelassene Ärztinnen, vor allem in der Frauenheilkunde, aber auch Wundärztinnen und Augenärztinnen verdienten ihren Lebensunterhalt in diesen später über Jahrhunderte nur Männern vorbehaltenen Berufen. Je mehr akademisch, das hieß vor allem theoretisch gebildete Ärzte mit Universitätsdiplom aufkamen, desto stärker wurden Frauen mit der Zeit jedoch, da sie keinen Zugang zu den Universitäten hatten, in pflegerische Hilfsdienste, die Tätigkeit von Hebammen und Krankenpflegerinnen abgedrängt. Ihr von Generation zu Generation weitergeleitetes großes praktisches Wissen und ihr Können blieb jedoch bei der Bevölkerung

mitgebracht. Was immer an der vielfach geäußerten Vermutung, Henriette habe eine Geisteskrankheit in die Familie der Württemberger eingeschleppt, die sich seit ihrer Enkelgeneration zeige, stimmen mag, die Tatsache, dass sie bestrebt war, an ihrem reichen Erbe nicht nur die Söhne, sondern auch ihre Tochter teilhaben zu lassen, ist zumindest aus heutiger Sicht alles andere als ein Zeichen von Geistesgestörtheit!

Henriette starb 1444 im Mömpelgarder Schloss und wurde auf eigenen Wunsch nicht in der Familiengrablege in der Stuttgarter Stiftskirche an der Seite ihres ungeliebten Mannes begraben, sondern in der Gruft der Kirche St. Maimboeuf in ihrer Heimat beigesetzt. Im Württemberger Wappen sind seither zu den Hirschstangen die zwei mit dem Rücken aneinander gelehnten Barben dazugekommen.

Mömpelgard als Zufluchtsort

Bewährt hat sich die aufstrebende und bald blühende Grafschaft Mömpelgard für so manchen Württemberger, nicht zuletzt als Zufluchtsort. Zunächst für keinen geringeren als Herzog Ulrich, der nach dem Landfriedensbruch gegen die freie Reichsstadt Reutlingen im Jahr 1519 des Landes verwiesen worden war. Man kann mit Fug und Recht behaupten, dass der Herzog dies und die folgenden österreichisch-habsburgischen Strafmaßnahmen politisch nur überlebt hat, weil Mömpelgard ein Ausweichen, Abwarten und schließlich die Kontaktaufnahme mit dem französischen König Franz I. ermöglicht hat.

Herzog Ulrich gab nach seiner Rückkehr

weiterhin sehr geschätzt, und da sie auch sehr viel billiger als die gelehrten männlichen Ärzte waren, bestimmten die heilkundigen Frauen noch lange die medizinische Versorgung weiter Kreise der Bevölkerung in Stadt und Land.

Erst gegen Ende des 15. Jahrhunderts, endgültig dann im Zeitalter der Reformation verloren die Frauen allmählich all die mit der aktiven Berufsausübung verbundenen Freiheiten und Einflussmöglichkeiten. Der Verlust ihrer relativen Selbstständigkeit ging einher mit einem allgemeinen wirtschaftlichen Niedergang der Städte in Deutschland.

Der Kenotaph für Gräfin Henriette in der Stuttgarter Stiftskirche.

1534 den Anstoß für die Propagierung des neuen evangelischen Glaubens nicht nur im alten Württemberg, sondern auch in der linksrheinischen Grafschaft. Dafür wurde der Katechismus eigens ins Französische übersetzt, denn Mömpelgard war während der ganzen württembergischen Herrschaftszeit französischsprachig geblieben. Noch vor der Einführung des Protestantismus in Württemberg waren 1532 eine Mehrheit der Handwerker, einige reiche Bürger und die Hofbediensteten zum Luthertum übergetreten. Parallel jedoch war die heilige Messe der Katholiken geduldet. Erst fünf Jahre später verbot der dann regierende Graf, Ulrichs Bruder Georg, die Ausübung des katholischen Glaubens in Mömpelgard.

Ein protestantisches Territorium in Frankreich

Was blieb, ist ein protestantisches, lutherisches Territorium mitten in Burgund. Das allein war von höchster kirchenpolitischer Brisanz. Vor allem in den Jahren der Hugenottenkriege wurde Mömpelgard Zufluchtsstätte französischer protestantischer Glaubensflüchtlinge. Dass weder die linksrheinischen noch die rechtsrheinischen Gebiete Württembergs aus der Hugenottenverfolgung wirtschaftlichen Nutzen zogen wie etwa Preußen, wo die aufgenommenen Hugenotten wesentlich zur handwerklichen und industriellen Entwicklung des Landes beitrugen, ist vor allem ihrer kleinlichen Intoleranz in äußerlichen Glaubensdingen zuzuschreiben, die den glaubensstarken Hugenotten ein Bleiben im Württembergischen als nicht ratsam erscheinen ließ.

Schulpflicht für Mömpelgard und revolutionäres Gedankengut für Württemberg

Im Zuge der Reformation wurde in Württemberg die Schulpflicht eingeführt. Diese galt auch in Mömpelgard. Damit war vorprogrammiert, dass Mömpelgard eine Insel der Bessergebildeten werden musste, was Fortschritt und Wohlstand zur Folge hatte. Wurde die Reformation und die Schulpflicht aus Württemberg in das von Frankreich umgebene Mömpelgard gebracht, so war es umgekehrt das aufklärerisch-freiheitliche Gedankengut der Französischen Revolution, von Mömpelgarder Studenten an die Tübinger Universität, vor allem in das berühmte Tübinger Stift getragen, das großen Einfluss auf die württembergischen Intellektuellen haben sollte und Gelehrte wie Hegel, Schelling, Hölderlin und viele andere umtrieb.

Die Französische Revolution und das Ende von 400 Jahren württembergischer Herrschaft in Mömpelgard

Die Französische Revolution allerdings brachte auch das Ende der 400-jährigen württembergischen Herrschaft in Mömpelgard. Sie erlebte mit dem freisinnigen und gebildeten Herzog Friedrich Eugen eine letzte und wohl die schönste Blütezeit. Friedrich Eugen war mit der Regierung Mömpelgards 1769 von seinem Bruder Herzog Carl Eugen betraut worden und ließ dem kleinen Land seine besondere Fürsorge angedeihen.

„Mömpelgards schöne Tage“ hat man seine fast 25-jährige Herrschaft im Land genannt. Mit seiner Familie – einer der Söhne, Friedrich, sollte später Württembergs erster König werden, eine der Töchter, Sophie Dorothea, die Gemahlin des russischen Zaren Paul, eine andere, Elisabeth, wurde die Gemahlin des österreichischen Thronfolgers Franz – bildete das Herzogspaar den geistigen Mittelpunkt eines zwar bescheidenen, doch kultiviert-heiteren Hoflebens, das der Literatur und vor allem dem Geiste Rousseaus huldigte und das sich sommers auf dem Landgut beim Schlösschen Etupes abspielte. Der Armen-, Alten- und Krankenfürsorge galt das besondere Augenmerk vor allem der Frauen der Familie. Kein Wunder, dass die Mömpelgarder Bevölkerung nicht gerade begeistert war, dass diese Herrschaft von der Französischen Revolution ersetzt werden sollte, die mit Macht und militärischer Gewalt im Jahr 1792 Herzog Friedrich Eugen zum Verlassen seines Landes zwang. Von dem förmlichen Unterwerfungsakt der Mömpelgarder Bürgerschaft unter die französischen Revolutionäre im Oktober 1792 ist folgender Wortwechsel überliefert: „Ich bringe Ihnen die Freiheit“, so der Anführer der Abgesandten der Revolutionäre zum Bürgermeister von Mömpelgard. Dieser jedoch, auf die von den Württembergern stets respektierten Rechte der Bürgerschaft anspielend, entgegnete kühl: „Sie irren sich. Wir kennen sie schon seit langem und so vollständig wie möglich. Sie war eine der Wohltaten unserer Fürsten, wir können ihnen nur Gutes nachsagen.“

400 Jahre württembergischer Herrschaft in Frankreich endeten mit der Französischen Revolution, die intensiven und freundschaftlichen Beziehungen zwischen den Menschen links und rechts des Rheins jedoch dauern an.

Essen und Trinken im Mittelalter – gesund und leicht

Derbe Rittersleut' mit fetttriefenden Mündern und feiste Mönche mit drallen Bäuchen um die Wildsau am Feuerspieß beim Festmahl versammelt, mit bloßen Fingern essend, die abgenagten Knochen und geleerten Weinbecher hinter sich werfend, lärmend, rülpsend und furzend – so stellen sich viele von uns die Ess- und Trinksitten des Mittelalters vor, und so manche Veranstalter auf Schlössern und Burgen wollen uns glauben machen, diese Vorstellung von mittelalterlicher Esskultur sei zutreffend, wenn sie ein rustikales Rittermahl als „event" für Firmenfeiern oder Geburtstagsfeste marketinggläubig und gewinnorientiert als „historisch" verkaufen wollen.

Raffinierte mittelalterliche Küche

Tatsächlich waren die mittelalterlichen Tischsitten und Ernährungsgewohnheiten weit gediegener, und die mittelalterliche Küche präsentiert sich raffinierter als erwartet. Fettarm, dafür reich gewürzt, abwechslungsreich und sehr geschmackvoll wurde gekocht, davon zeugen zahlreiche überlieferte Rezepte und Berichte von Gastmählern.
Einzig die Beobachtung, dass man mit den Fingern aß, stimmt an dem heutzutage gern gezeichneten Bild vom mittelalterlichen Mahl. Selbstverständlich gab es wilde Saufgelage und maßlose Gastereien mit zügellosem Gebaren, doch waren diese damals ebenso wenig die Norm wie heute.

„Attempto!" „Ich wag's !" – Eberhard im Bart, der erste Herzog Württembergs

Die herausragendste Gestalt der württembergischen Landesgeschichte im 15. Jahrhundert ist zweifellos Eberhard im Bart. Zusammen mit seiner hoch gebildeten Mutter Mechthild von der Pfalz gehört er zu den historischen Persönlichkeiten, welche die meisten Sympathien in der Nachwelt genießen, und dies bis zum heutigen Tage.

Graf Eberhard auf Pilgerreise

Ihre Lebenszeit fällt in eine Art Epochengrenze zwischen Mittelalter und Neuzeit. Dem alten Glauben und mittelalterlicher Frömmigkeit verhaftet, gibt der junge Graf Eberhard mit seiner berühmten Pilgerreise nach Jerusalem im Jahr 1468 wegweisende Zielrichtung, die einerseits auf eine Verinnerlichung deutet, andererseits den Ton für eine Selbstbestimmung des jungen Mannes als Politiker und Regent seines Landes anstimmt. So ist der Bart als Zeichen seiner Pilgerschaft, den er ein Leben lang tragen sollte, mehr als ein persönlicher Modestil, und die Palme, die er seit der im Übrigen damals außerordentlich riskanten Pilgerschaft im Wappen führt, weit mehr als eine individuelle Marotte.
In seiner Mitte des 19. Jahrhunderts für den

Schloss Urach – Palmensaal mit den Wappen der Vorfahren Eberhards und seinem Wahrzeichen, der Palme mit dem Wahlspruch „Attempto!".

Das gemeinsame Speisen hatte wichtige Funktionen

Und ebenso wenig wie heute dienten den Menschen im Mittelalter Essen und Trinken nur der Nahrungsaufnahme oder dem Vergnügen. Gemeinsames Speisen hatte wichtige gesellschaftliche, ja politische Funktionen. Feste Regeln waren zu befolgen. Gesellschaftlich-hierarchische, allein schon was die Tisch- und Sitzordnung der Teilnehmer anbelangte; auch die Zahl und Art der Speisenfolge, das Anrichten, Servieren und Nachschenken und nicht zuletzt die künstlerische Unterhaltung wie Tafelmusik, Akrobatikkunststücke oder Tanzeinlagen.

Im politischen Bereich hatte gemeinsames Essen und Trinken, nicht anders als heute, frieden- oder bündnisspendenden Charakter, ja ein gemeinsames Tafeln kam einer rechtsgültigen rituellen Handlung gleich, die weder beliebig noch folgenlos war: Sie verpflichtete zu einem bestimmten Verhalten gegenüber dem Tischgenossen, auch für die Zukunft, und diente nicht selten zur Herstellung oder

„Bürger und Landmann" erzählten „Geschichte von Württemberg" berichtet Christian Gottlob Barth über das aufwendige Unterfangen einer damaligen Pilgerreise. Am 10. Mai 1468 habe Eberhard seine große Reise angetreten, „begleitet von vierundzwanzig Edelleuten, zwei Kaplanen, einem Arzt, einem Wundarzt, drei Trompetern, zwei Köchen und etlichen Dienern und Schützen.... und hielt am 8. Juli seinen Einzug in Jerusalem. Nachdem er dort alles Merkwürdige gesehen, besuchte er noch Bethlehem und den Jordan und trat dann seine Rückreise an. Am 4. November war er wieder in Urach. Er hatte sich auf seiner Reise den Bart wachsen lassen und bekam daher auch den Namen Eberhard im Bart. Ein Weißdorn, den er als ein kleines Reis aus Palästina mitgebracht und im Einsiedel in die Erde gesteckt hatte, wuchs dort zu einem mächtigen Baume heran."

zum Erhalt von Frieden, zur Bestätigung geschäftlicher Vereinbarungen und Freundschaftsbündnisse oder dem Totengedenken.

Nicht anders als heute galt es auch damals, Tischsitten zu kennen und einzuhalten. Die von dem viel gereisten Nürnberger Handwerker, Dichter und „Meistersänger" Hans Sachs (1494-1576) überlieferte „Tischzucht" etwa enthält einen ganzen Katalog von Verhaltensvorschriften, der vom Händewaschen und dem Tischgebet vor dem Essen bis zur Aufforderung an die Frauen reicht, sie „solln nach keinem Floh hinunterfischen" :

Tischsitten – die Empfehlungen des Nürnberger Meistersängers Hans Sachs

Nit schnaufe oder säuisch schmatz!
Nit ungestümb nach dem Brot platz,
dass du kein Gschirr umbstoßen thust!
Das Brot nit schneid an deiner Prust!
Das gschnitten Brote oder Weck
Mit deinen Henden nit verdeck.
Und brock nit mit den Zehnen ein
Und greif auch für dein Ort allein
Thu nit inn der Schüssel umbstürm
Darüber halten will nit gebürn.
Nemb auch den Löffel nit zu voll!
Wenn du dich trayffst, das steht nit wohl.
Greiff auch nach keiner Speise mehr,
biss dir dein Mind sey worden leer!
Red nicht mit vollem Mund! Sei messig!
Sei inn der Schüssel nit gefressig,
der aller letzt drin ob dem Tisch!
Zerschneid das Flaisch und brich die Fisch
Und käu mit verschlossem Mund!
Schlag nit die Zung auß gleich eim Hund,
zu ekeln! Tu nit geizig schlinken!
Und wisch den Mund, eh du wilt trinken,

Für die Zukunft des Landes: Reformen und die Gründung der Universität Tübingen 1477

Dem Neuen wachsam aufgeschlossen, führt Graf Eberhard sein Land politisch mit konsequenten Verwaltungs-, Rechts- und Klosterreformen, aber auch mit der Gründung der Landesuniversität 1477 in die Zukunft, wobei er wirksam auf die Einheit eines starken Hauses Württemberg hinarbeitet.
Die äußeren Rahmenbedingungen hierfür waren zumindest gegen Ende des Jahrhunderts und seiner Regierungszeit günstig. Auch die von König Maximilian auf dem Reichstag zu Worms für das Reich gefassten Beschlüsse erwiesen sich als zukunftsweisend. Die Verkündung eines unbefristeten Reichsfriedens und die Neuorganisation mit dem Reichskammergericht als einer für die Rechtspflege im Alltag wichtigen und zuverlässigen Institution bedeuteten für die Menschen im damaligen Deutschen Reich ein kalkulierbares Maß an Sicherheit, was verglichen mit den friedlosen und unsicheren, willkürlichen Jahrzehnten zuvor nicht hoch genug zu schätzen war.

Geteiltes Württemberg – der Nürtinger Vertrag 1442

Als der 1445 in Urach geborene Eberhard die Regierung 14-jährig übernahm, war sein Land geteilt. Seinem Vater Ludwig waren bei der Landesteilung, im Nürtinger Vertrag 1442 besiegelt, der Uracher Teil, die Herrschaften im Elsass und nach dem Tod der Mutter Henriette 1444 die Grafschaft Mömpelgard zugefallen, dessen Bruder Ulrich V., dem „Vielgeliebten", der östliche und nördliche Landesteil mit der Residenz Stuttgart. Zuvor hatten die beiden Brüder, zwischen denen persönlich trotz politisch

dass du nit schmaltzig machst den Wein!
Trinck sittlich und nit husten darein!"

Und weiter empfiehlt Hans Sachs noch:
Wer neben dir zu Tisch ist gsessen,
der irre nit mit Ellenbogen!
Sitz aufrecht, fein geschmogen!
Ruck nit hin und herauf auf der Bank,
dass du nit machest ein Gestank!

Strenge Fastenvorschriften

Neben der für viele nicht leicht einzuhaltenden Tischzucht verpflichteten zahlreiche kirchliche Gedenk- und Feiertage zur Einhaltung strenger Fastenvorschriften, die die Menschen zwar immer wieder zu umgehen oder zu entschärfen suchten, insgesamt jedoch Maßstab für Essen und Trinken durch das ganze Mittelalter hindurch blieben. Nahezu die Hälfte aller Tage eines Jahres waren in irgendeiner Weise festgelegte Fastentage, bei denen es Vorschriften oder Verbote einzuhalten galt.
Berühmt ist das biblische Verbot des Genusses von Fleisch vierfüßiger Tiere für Nonnen und Mönche und der Streit, ob Hühner als Kompromiss geduldet werden durften. Diesen entschied die berühmte Hildegard von Bingen zu Gunsten des Genusses von Hühnerfleisch.
Insgesamt haben die Menschen im Mittelalter vermieden zu viel zu essen, zu oft und zu reichhaltig, auch wenn das Wissen um die Zusammenhänge von maßvollem Essen und Gesundheit nicht überall bewusst vorhanden war. Zwei Mahlzeiten pro Tag waren die Norm, wobei wie immer und überall Ausnahmen keine Seltenheit bildeten.
Die einfachen Leute würzten ihre Suppen mit

unterschiedlicher Wege gutes Einvernehmen herrschte, das Land gemeinsam regiert. Auslöser für die Teilung war wohl der Wunsch Ulrichs nach mehr Eigenständigkeit gewesen.

Wiedervereinigung des Landes: der Münsinger Vertrag 1482

Zielstrebig arbeitete nun der junge Eberhard nach dem Tod seines Vaters auf eine Wiedervereinigung beider Landesteile hin, denn eine Zersplitterung, das sah er klar, konnte auf Dauer nur eine politische und wirtschaftliche Schwächung des Landes zur Folge haben. Eberhard hatte alle Chancen dieses Ziel zu erreichen, denn einerseits war der Stuttgarter Landesteil durch zahlreiche kriegerische Auseinandersetzungen des Onkels Ulrich geschwächt und finanziell ruiniert. Zum anderen war der Wunsch seines Sohnes und Nachfolgers, also des Vetters von Eberhard, nach einem aufwendigen Lebensstil sehr groß, die Neigung, Regierungspflichten zu übernehmen, hingegen äußerst gering. Hohe Regierungsbeamte in Stuttgart hätten ohnehin den energischen Eberhard gerne als ihren Regenten gesehen und waren von der Krise in ihrem Landesteil beunruhigt. So war es ein Leichtes, die Stuttgarter Linie von einer Wiedervereinigung des Landes bei gleichzeitiger Mitregentschaft, die man mangels Interesse an der „lästigen" Pflicht nicht wahrzunehmen gedachte, zu überzeugen. Eine finanzielle Abfindung tat ihr Übriges und die Wiedervereinigung konnte im Münsinger Vertrag 1482 besiegelt werden. Dieser garantierte die Unteilbarkeit des Landes. Regierungs- und Verwaltungssitz wurde Stuttgart. Die Absicherung dieser

Kräutern vom Garten. Salz wurde als teures Luxusgut zum Würzen spärlich oder gar nicht verwendet. Man brauchte es hauptsächlich zum Konservieren von Gemüse und vor allem von Fleisch.
Frische Ware und frisches Fleisch wurde von den Städtern und den Wohlhabenden in der Stadt und auf dem Land häufiger konsumiert als anzunehmen ist – der Schinkenspeck zum Beispiel nur als Vorrat gepökelt oder geräuchert. Man war jedoch bemüht, täglich frisch auf dem Markt einzukaufen.

Leichte und geschmackvolle Soßen

Die Soßen zum Fleisch, zu Wild- und Fischgerichten wurden erstaunlich „gesund" und leicht zubereitet. Als Basis dienten Gewürze, in Essig, Saft von grünen Trauben oder Wein aufgelöst, gebunden wurden die Soßen mit Brotkrümeln oder Eigelb.
Weder Butter noch Mehl kam in die Soße, die Zugabe von Fett an Soßen wurde erst in der späteren Renaissancezeit üblich. Das bedeutet aber nicht, dass die Soßen fad schmeckten, im Gegenteil, sie müssen außerordentlich geschmackvoll und abwechslungsreich gewesen sein. Dies verdankten sie in erster Linie den zahlreichen Gewürzen, einheimischen wie, jedenfalls in den Küchen der Reichen, exotischen, die eine der Hauptwaren des blühenden Handels mit dem Orient bildeten und nur einer gehobenen Schicht zugänglich waren. Dabei ist es gerade der Pfeffer, der ja für das ganze Mittelalter als besonders selten und wertvoll galt, der am häufigsten verbreitet und dessen Verwendung allgemein so üblich war, dass man vom „Gewürz des armen Mannes" sprach, um dagegen noch teurere Gewürze wie Zimt, Safran, Nelken,

Gewürze

Regelung, an der in den folgenden Jahren Eberhards Vetter, aufgestachelt von den Gegnern eines starken, geeinten Württemberg, den Bayern und der Pfalz, doch immer wieder rüttelte, holte sich Graf Eberhard bei seinen hohen Beamten und den Vertretern seiner Untertanen aus den Amtsstädten, der Landschaft. Der Beginn einer künftigen, für Württemberg so charakteristischen Mitwirkung der Bevölkerung an der Regierung war damit gemacht.

Die schöne Barbara Gonzaga von Mantua

Seit 1474 war Eberhard mit der schönen, gebildeten und wohlhabenden Barbara Gonzaga von Mantua verheiratet. Die ursprünglich aus politisch-dynastischen Erwägungen heraus geschlossene Ehe entwickelte sich als ausgesprochen harmonisch und Barbara Gonzaga erfreute sich bei der Bevölkerung im Land großer Beliebtheit. Großzügig zeigte sich die junge Frau unter anderem auch im Umgang mit den außerehelichen Kindern ihres Mannes, um deren Erziehung sie sich persönlich kümmerte. Für die illegalen Kinder wurde sogar eigens ein Wohnsitz in Urach eingerichtet, das „Haus am Gorisbrunnen". Dem Ehepaar waren außer einem schon in der Wiege verstorbenen Mädchen keine eigenen Kinder beschieden, welche die Erbfolge hätten antreten können. Eberhard regelte seine Nachfolge zu Gunsten seines Neffen Ulrich, des Sohnes seines zweiten Vetters Heinrich, den er bereits als Knaben zur Erziehung an seinen Hof nach Stuttgart holte. Den Landständen dachte er dabei die Rolle einer Art Gewährsmann als Ausgleich des gefährli-

Muskat und Kardamon hervorzuheben. Diese Gewürze waren sehr teuer. Ein Pfund Muskatnuss war sieben fette Ochsen wert! Salz war so teuer, dass es zu den Gewürzen zählte, die von der Hausfrau in einem besonderen Gefäß weggeschlossen wurden.

Oft kann man lesen, die Gewürze hätten dazu gedient, nicht mehr ganz frisches, schon ein wenig verdorbenes Fleisch im Geschmack zu überdecken. Dies dürfte eher die Ausnahme gewesen sein, denn Leute, die sich solch „sündhaft" teuren Gewürze leisten konnten, hatten meist genug Mittel, sich mit frischem Fleisch zu versorgen. Gewürze dienten ihnen zur Verfeinerung des Geschmacks ihrer Speisen.

Zucker wurde als Medikament verwendet

Zucker wurde lange Zeit als Medikament verwendet, ehe man Speisen damit zubereitete. Die geliebte Süße kam bis dahin ausschließlich aus Honig und Früchten.
Zweifellos haben die Kreuzfahrer aus ihrer Begegnung mit dem Orient zahlreiche kulinarische Anregungen mit nach Hause gebracht.

„Gesund durchs Mittelalter" – so möchte man das Kapitel über die Ernährungsweise der Menschen damals aus heutiger Sicht überschreiben. Wenig Fett, kaum Salz, dafür viele Kräuter, kein Zucker, dafür Früchte und Honig und nur zweimal täglich maßvolles Essen.

Bei vielen Menschen, und dies gerade auch im alles andere als reichen Württemberg, war aus der Not heraus Schmalhans Küchenmeister, und von verfeinerter Küche konnte keine Rede sein. Man aß, was man hatte und

chen eigenen dynastischen Mangels bei der Durchsetzung dieser Erbregelung zu, indem er ihnen sogar eine interimistische Regierungsgewalt, also die Funktion einer Übergangsregierung in Form eines Zwölferausschusses übertrug.

Mitbestimmungsrechte: die vordemokratische Institution der „Landschaft"

Eberhards Untertanen kamen damit zu der einzigartigen vordemokratischen Institution einer Mitwirkung an wichtigen, das ganze Land betreffenden Entscheidungen. Wenn auch nicht die des ganzen Volkes im heutigen Sinne einer gewählten Volksvertretung, so doch der Landschaft - das heißt, den Vertretern der Städte und Dörfer - und der Landstände, der Vertreter der Geistlichkeit und der Ritterschaft. Für das Selbstverständnis der Württemberger sollte diese Mitverantwortung über die Jahrhunderte hinweg eine wesentliche Rolle spielen.

1495 - Württemberg wird zum Herzogtum erhoben

Dieses wichtige Einigungswerk Eberhards, mit dem der Ausbau einer zentralen Verwaltung samt Hofgericht und der Landesverteidigung sowie Klosterreformen einhergingen, wurde abgesegnet und gekrönt von Kaiser Maximilian auf dem berühmten Reichstag zu Worms im Jahr 1495. Bei dieser Reichsversammlung wurde die Grafschaft Württemberg zum Herzogtum erhoben, aus Graf Eberhard V. wurde Herzog Eberhard I. im Fürstenstand. Damit verbunden waren auch die Würde eines Herzogs von Teck und das mit Markgröningen verbundene Lehen der Reichssturmfahne. Die württembergischen Hirschstangen, die Tecker Rauten, die Reichssturmfahne und die Mömpel-

Schmalhans war oft Küchenmeister

was bei schwerer körperlicher Arbeit eben satt machte. So man überhaupt etwas zu essen hatte und nicht einmal wieder durchziehende Soldatenheere zu verpflegen waren, seien es eigene oder fremde, das spielte für den einfachen Mann keine Rolle, man musste eben abgeben. Durchziehende Heere waren dabei noch eher zu ertragen als wenn das Winterlager in Stadt oder Dorf aufgeschlagen wurde. Oft verbrauchten die Soldaten die gesamten Wintervorräte und es konnte vorkommen, dass sogar das Saatgut angegriffen werden musste und das kommende Jahr dadurch als Hungerjahr bereits vorprogrammiert war. Wurde die Ernte durch Unwetter, Hagel oder Frost vorzeitig vernichtet, waren die Menschen hilflos dem Hunger preisgegeben.

Suppen und dunkles Brot als Ernährungsgrundlage

Als Grundlage der Ernährung dienten Suppen aller Art sowie dunkles Brot. Mehl-, Milch- und Biersuppen, Getreidebreie, Hülsenfrüchte in Gemüsebrühe, ein Huhn, Kaninchen, Speckwürfel oder gepökeltes Fleisch, manchmal auch Fischstückchen verliehen, so in Glücksfällen oder an Feiertagen vorhanden, der Suppe ein kräftiges Aroma. Dazu kamen Milchsuppen, Käse- und Eiersuppen, süße Suppen und Mohnsuppen.

Die Brühe befand sich in der Regel in einem Kessel über dem Feuer und wurde immer wieder ausgekocht und mit Kohl, Roggen- oder Erbsenmehl, Hirse oder Buchweizen angereichert. So war auch in einfachen Haushalten (fast) immer eine heiße Suppe im Kessel, der nur selten ganz geleert oder gereinigt wurde.

garder Fische bildeten das neu verliehene Wappen.
Bei der feierlichen Erhebung zur Herzogswürde im Angesicht der Reichsöffentlichkeit und dem folgenden Gastmahl aller Fürsten soll es gemäß einer Überlieferung des Humanisten und späteren Reformators Philipp Melanchthon zu jenem berühmt gewordenen Streitgespräch über die Reichtümer der jeweiligen Länder und ihrer Fürsten gekommen sein, aus dem Eberhard im Bart letztendlich als Sieger hervorging, indem er darauf verwies, er könne sein Haupt in jedes Untertanen Schoß legen. Das Ereignis ist in Form von Justinus Kerners Gedicht „Der reichste Fürst" als „Nationalhymne" der Württemberger ins Bewusstsein eingegangen und prägt in der Erinnerung der Bevölkerung noch heute die Vorstellung von der Gestalt des Herzogs:

Die „schwäbische Nationalhymne"

Preisend mit viel schönen Reden
ihrer Länder Wert und Zahl,
saßen viele deutsche Fürsten
einst zu Worms im Kaisersaal.

Herrlich, sprach der Fürst von Sachsen,
ist mein Land und seine Macht,
Silber hegen seine Berge
wohl in manchem tiefen Schacht.

Seht mein Land in üpp'ger Fülle,
sprach der Kurfürst von dem Rhein,
goldne Saaten in den Tälern,
auf den Bergen edler Wein.

Sollte die Suppe nicht nur als wohlschmeckender Sattmacher und Hauptgericht dienen, sondern bei Festmählern oder in reicheren Haushalten als appetitanregender Zwischengang, so bereitete man Geflügel- oder Kräutersuppen. Die beliebte „soupe doree" war eine Eiersuppe mit goldfärbendem Safran. Mandelmilch verfeinerte weiße Suppen. Jene Suppen, die wir als Vorspeisen oder Zwischengerichte kennen, kamen erst viel später, im 17. Jahrhundert, auf und wurden überwiegend in gehobenen gesellschaftlichen Schichten gegessen. Dort wurde dann auch die Fleischkraftbrühe beliebt, die so genannte „consomme restaurant". Von ihr, deren Bedeutung etwa mit „wiederherstellende Suppe" übersetzt werden könnte, leitet sich das heutige Wort für Restaurant her. Eine solche Bouillon war im Mittelalter nur als Nahrung für Kranke bekannt.

Dicke Suppen als Hauptspeise

Die im Mittelalter gebräuchlichen dicken Suppen erhielten sich über Jahrhunderte hinweg vor allem in einfachen Haushalten als ein nahrhaftes, zur Hauptspeise taugliches Essen, ein Eintopf, der preiswert, Brennstoff sparend und mit einfacher Küchenausrüstung, einem „pot au feu", herzustellen war. Dass Suppen in Hungersnöten aus allem gekocht wurden, was nur irgendwie zur menschlichen Ernährung beitragen konnte, gehört – leider – nicht nur in die Zeiten des Mittelalters.

Gemeinsam am Tisch zu sitzen und mit dem Löffel aus derselben Schüssel zu essen, war noch bis ins zwanzigste Jahrhundert hinein üblich. Der eigene Löffel war deshalb neben den Fingern als Esswerkzeug das am häufigs-

Große Städte, reiche Klöster!
Ludwig, Herr zu Bayern, sprach,
schaffen, dass mein Land dem euren
wohl nicht steht an Schätzen nach.

Eberhard, der mit dem Barte,
Württembergs geliebter Herr,
sprach: „Mein Land hat kleine Städte,
trägt nicht Berge silberschwer;

doch ein Kleinod hält's verborgen:
dass in Wäldern, noch so groß,
ich mein Haupt kann kühnlich legen
jedem Untertan in Schoß."

Und es rief der Herr von Sachsen,
der von Bayern, der vom Rhein:
„Graf im Bart Ihr seid der reichste,
Euer Land trägt Edelstein!"

Der frisch gebackene, hoch geehrte Herzog Eberhard ruhte sich nach seiner Rückkehr keineswegs etwa auf seinen Lorbeeren aus. Umgehend brachte er das umfangreiche Werk einer einheitlichen Gesetzgebung für das ganze Land zu Ende.

Die Landesordnung von 1495 als stabilisierender Faktor im Herzogtum

Seine Landesordnung von 1495, die zu Handel, Verkehr, Rechtspflege, Geldangelegenheiten wie Luxus oder Schuldenfragen und zu vielen anderen Fragen des Alltags Stellung nimmt, ist ein weiterer Stabilisierungsfaktor für die Verhältnisse im neuen Herzogtum, aber auch Ausdruck des Verständnisses Eberhards von den Pflichten eines Herrschers, der für sein Volk und die Wohlfahrt seines Landes verantwortlich handelt. Darüber hinaus steht diese Landesord-

Graf Eberhard im Barte (1445 – 1496), sein Haupt in des Untertanen Schoß bettend – Denkmal im Stuttgarter Schlossgarten.

Der Löffel als das am häufigsten benutzte Besteck

ten gebrauchte Besteck, je nach Vermögenslage aus Holz, Eisen, Zinn, Messing oder gar Silber, einfach geschnitzt oder fein ziseliert. Der französische Philosoph Montaigne zeigte sich noch im 16. Jahrhundert erstaunt darüber, dass es bei den Schweizern „immer so viele Löffel gebe wie Leute am Tisch sitzen", und der Humanist Erasmus von Rotterdam berichtet in seiner „Tischzucht" 1560, dass die Deutschen böse würden, wenn ein anderer Tischgast ihr Messer ausborgen wolle, die Franzosen hingegen durchaus mit zwei bis drei Löffel pro Tisch für mehrere Personen auskämen.

nung am Anfang der großen Gesetzgebungswerke des 16. Jahrhunderts, von denen noch die Rede sein wird.

Herzog Eberhard konnte bei der Ausarbeitung seiner Landesordnung auf gelehrte Berater und Juristen zurückgreifen, die modern und am Puls der Zeit arbeitend, als Wissenschaftler und Professoren an der vom Herzog gegründeten Landesuniversität Tübingen europaweit zu den besten Gelehrten gehörten.

Die Gründung einer Universität gehört zweifellos zu den herausragendsten und im

Ohne Zuhilfenahme der Finger ging also gar nichts. Auf das Waschen der Hände legte man daher größten Wert. In gehobenen Kreisen reichte man mehrmals Wasser zur Säuberung der Hände um den Tisch.
„Am Tischtuch soll sich niemand wischen" – so eine der damaligen Vorschriften zur „Tischzucht", und weil das Schnäuzen in die Hand durchaus üblich war, wurde der Verzicht hierzu bei Tisch extra angeraten.
Es war auch üblich, dass der Gast seine eigenen Essgeräte mitbrachte, wenn er zum Mahl geladen war, in einem Köcher oder Etui, an den Gürtel gehängt oder in einer Hosentasche getragen. Wichtige und gefährdete Personen konnten so auch sicher sein, dass ihr Besteck nicht mit Gift präpariert war.

Messer wurden zum Tranchieren verwendet

Messer und die nur sehr selten benutzten Gabeln, anfangs nur mit zwei Zinken, dienten vornehmlich zum Transchieren und Vorlegen der Speise. Das Vorschneiden und Kredenzen war stets eine mit Geschick ausgeführte Kunstfertigkeit und wurde vor den Augen der Tischgäste und zu deren Freude ausgeführt. Der „Fürschneyder" war sogar als Künstler akzeptiert! Die Vorschriften zur Ausübung seiner „Kunst" waren ganz detailliert in so genannten „Trincierbüchern" festgehalten, in denen etwa Ratschläge wie dieser aus dem Jahr 1657 gegeben wurden: „Er (das heißt der Vorschneider, Anm. d. Verf.) gehe mit schönem, geraden Leibe und holdseligem Angesicht zu der Tafel, küsse die Hände des Herrn, fasse das Messer und mache die gewöhnlichen Ceremonien mit Herumdrehung des Messers und der Gabel in Form eines Kreuzes ..."
Teller als Gedeck vor jedem Tischgast kannte

Die Gründung der Universität Tübingen

positiven Sinne folgenschwersten Taten Eberhards. „Attempto!" so der Leitspruch des Herzogs. „Ich wage es!", das galt auch für seine Universität, deren Gründung für das kleine Land gewiss ein Wagnis bedeutete, zumal im südwestdeutschen Raum zur damaligen Zeit auch andere, quasi konkurrierende Universitätsgründungen zu verzeichnen sind. Man denke nur an Basel, Freiburg oder Ingolstadt. Heidelberg existierte bereits länger und vielleicht war es gerade diese Universität, die Eberhard zum erstrebenswerten Vorbild diente, kannte und schätzte er doch den Umgang mit den Heidelberger Gelehrten und Theologen, die ihm im Umkreis seiner gebildeten, geselligen Mutter Mechthild begegnet waren. Mechthilds Vorfahr Pfalzgraf Ruprecht hatte die Universität gegründet, sie gefördert und geschützt, und der Anteil dieser Frau an der Tübinger Universitätsgründung – wie auch der von Freiburg durch ihren zweiten Ehemann, Erzherzog Albrecht von Österreich – dürfte kein geringer sein.
Wichtiger Berater und erster Rektor der im Jahr 1477 gegründeten Universität Tübingen war der langjährige Erzieher und Vertraute Eberhards, der kluge Jurist Johannes Vergenhans, bekannt auch unter seinem Humanistennamen „Nauclerus", das heißt Ferge, Fährmann.
Für die nötige Zustimmung des Papstes setzte sich Barbara Gonzagas Bruder ein, Kardinal der römischen Kurie, und finanziert wurde die neue Universität durch die Übertragung der Pfründe des reichen Sindelfinger Chorherrenstiftes.

man nicht. Das Fleisch wurde auf Brotscheiben angerichtet, den Gästen wurde das Fleisch oft auf der Messerspitze vom Gastgeber oder Transchiermeister gereicht. Essen mit der Gabel war verpönt. Von Hildegard von Bingen etwa ist bekannt, dass sie die Gabel als Esswerkzeug scharf verurteilte als „Verhöhnung Gottes durch die Benutzung des teuflischen Instrumentes statt der Finger, um die Mäuler zu stopfen".

Die mittelalterliche Küche

Ein ungemütlicher Arbeitsplatz muss die mittelalterliche Küche gewesen sein. Kochen bedeutete Schwerstarbeit. Man denke nur an das tägliche Wasser holen aus Brunnen, Zisternen und Bächen, an das zeitraubende Heranschleppen des Holzes, das Anfachen und Erhalten des Herdfeuers, den Rauch und Ruß, die Hitze und die Gefahr des offenen Feuers mit einem meist sehr kleinen Rauchabzug. Die Kessel, Töpfe, Pfannen und eisernen Bratspieße waren unsagbar schwer.
Mit Geschick konnte man in einem einzigen Kessel eine komplette Mahlzeit bereiten, die damals vom Inhalt her allerdings eher einem Festmahl glich: Im siedenden Wasser lag das Fleisch, darüber auf einem Brett ein Gemüsetopf und am Griff des Kessels wurde ein in ein Tuch geschlagener Pudding befestigt.
Die Bratspieße aus Eisen, manchmal auch aus Wacholder oder Eibenholz wurden in größeren Küchen von Küchenjungen gedreht. Der erste „Berufskoch", von dem wir wissen, Taillevant (1312-1395), Chefkoch verschiedener französischer Könige, hatte als Bratspießdreher begonnen, und kein geringerer als Leonardo da Vinci beschäftigte sich mit

Kunst, Literatur und Architektur blühen auf

Nicht zu unterschätzen bei einem solchen Unterfangen ist auch die persönliche Neigung Eberhards zu Literatur, Philosophie und Theologie. In diesen Zügen, gepaart mit seiner Freude an Architektur und Baukunst, – man denke nur an den Ausbau des Uracher und des Stuttgarter Schlosses oder an die stolzen kirchlichen Bauten der Stiftskirchen in Herrenberg, in Tübingen oder an die Amanduskirche in Urach – aber auch seine auf Reisen erworbene umfassende Bildung hebt sich Eberhard weit über das damals an den europäischen Fürstenhäusern übliche Niveau hinaus.

Die Führungs- und Bildungsschicht der „Ehrbarkeit" als Wirtschafts- und Machtfaktor in Württemberg

Den Hintergrund für Eberhards erfolgreiches Wirken bildete auch das Wachsen und Blühen des württembergischen Wirtschaftsraumes und des Städtewesens, und nicht zuletzt das von Eberhard geförderte Emporkommen einer städtischen Führungs- und Bildungsschicht, der Angehörigen der Familien der „Ehrbarkeit", die sich zunehmend als wirtschaftliche Kraft, aber auch als Herrschaftsträger entwickelte.

Die Kultiviertheit und geistige Weite des Umfeldes von Eberhard im Bart repräsentierten auch die beiden Frauen, die in Eberhards Leben von Bedeutung waren.
Aus Italien stammte die anmutige Markgrafentochter Barbara Gonzaga von Mantua. Die vielseitig interessierte junge Frau brachte Glanz und Frohsinn mit, und obwohl die Ehe aus politischen Gründen geschlossen worden war, scheint sie zu den wenigen glücklichen Fürstenehen des Mittelalters zu

der Konstruktion von selbsttätigen Bratspießen.
Eines der meistgebrauchten Küchengeräte war der Mörser mit Stößel. Salz zum Beispiel wurde in Blockform gehandelt und musste erst zerstoßen werden. Auch andere Gewürze und Fleisch, etwa zur Herstellung der beliebten Pasteten, wurden im Mörser zerstoßen. Von einem kräftigen Mönch konnte ein Pfund Fleisch in zehn Minuten zerstoßen werden. Die Herstellung einer Pastete aus 50 Pfund Fleisch und viel Fett für ein großes Fest dauerte neun Stunden!

Das wichtigste Küchengerät: der Mörser mit Stößel

In den Küchen gab es Schemel, Beile, Backformen, Fleischerhaken, Waffeleisen, Fleisch-, Fisch- und Geflügelmesser, langstielige Kochlöffel, Raspeln, Siebe, Maße und Gewichte, Holzkörbe und lederne Taschen. Bessere Küchen verfügten sogar über eine Art Vivarium für lebende Fische mit Netzen und Gabeln für den Fang. Ein Fass für gepökeltes und gesalzenes Fleisch und Fisch gehörte ebenfalls in eine mittelalterliche Küche, jedenfalls bei den Wohlhabenderen. Der Schrank für Gewürze, Salz, Weißbrot und Mehl war abschließbar. Und eine Grube für Lebensmittelabfälle, eventuell mit einem Rost zum Zurückhalten der Knochen, die wieder aufgekocht wurden, „Garde-Robe" genannt, gehörte ebenfalls in eine gute Küche.

Wegen der sehr begrenzten Möglichkeiten zum Erreichen der Haltbarkeit der Lebensmittel war das Nahrungsmittelangebot im Winter sehr eingeschränkt. Außer dem Trocknen, Räuchern und Salzen von Fleisch und Fisch kannte man die Herstellung von Würsten. Gemüse wurde sauer eingelegt,

zählen. Die prunkvolle Hochzeit 1474 im Uracher Schloss galt als eine der glanzvollsten im ohnehin festesfreudigen 15. Jahrhundert.
Auch Eberhards Mutter war eine ganz besondere, ungewöhnliche Frau, geradezu eine Lichtgestalt als Fürstin für ihr Land und als Mutter für ihren Sohn. Sie war es, die dem 14-jährigen Eberhard als kluge Ratgeberin den familiären und geistigen Rückhalt bot, als das Ende der Vormundschaft auf ihn zugekommen war und er

Mittelalterliche Küchenszene, Holzschnitt um 1490.

Konservierung von Lebensmitteln

Obst gedörrt und mancherorts diente Honig als Konservierungsmittel. Wollte man Fleisch oder Fisch kurzfristig aufbewahren, so übergoss man es mit heißem Öl, Fett oder Talg. Milch wurde zu Quark und Käse verarbeitet und Eier in Kalkmilch eingelegt.
Seit etwa 1100 nutzte man vereinzelt Kachelöfen mit mehreren Feuerlöchern, seit ca. 1250 gehörte ein Kachelofen zur Ausrüstung der Klöster, Burgen und städtischen Häuser der Oberschicht.

Manch eifriger Koch, manche Köchin von heute gerät in nicht geringe Verlegenheit, wenn beim Versuch des Nachkochens der zahlreichen aus Kloster- und Schlossküchen überlieferten mittelalterlichen Rezepte Mengenangaben oder Garzeiten zu berücksichtigen sind. Mag die eine oder andere Zutat heute nicht mehr in der damals üblichen Form bereit stehen, so müssen Maßangaben umgerechnet oder auch nur geschätzt werden. Wie groß war damals ein Löffel, wenn die Anweisung lautet, „man nehme einen Löffel voll"? Schwierig wird es auch bei der Angabe von Garzeiten. Da heißt es in alten Überlieferungen, Nüsse seien „ein Miserere lang" zu rösten. Schmalzgebackenes in der „Dicke von Oblaten" sollte die „Dauer von zwei Paternostern backen" und für ein Eintopfgericht wird als Garzeit angegeben „so lange, wie es braucht, um in die Kapelle zu gehen und ein Ave Maria zu beten".

selbst regieren musste, wobei die verschiedensten Interessenvertreter aus der Verwandtschaft versuchten ihn zu ihren Gunsten zu beeinflussen.

Die kluge Mutter des Herzogs: Mechthild von der Pfalz

Dass er seinen eigenen Weg gehen konnte, hat er in hohem Maße seiner Mutter zu verdanken. Aber auch seinem großartigen Erzieher Vergenhans, der versuchte, den frühen Verlust des Vaters bei dem jungen Eberhard wettzumachen und ihm zeitlebens ein weitsichtiger Ratgeber und Freund blieb und dabei als württembergischer Rat, humanistischer Weltchronist und späterer Universitätskanzler in bewundernswerter Weise aus seinem Wirkungskreis als Erzieher des jungen Grafen hinaustrat.

Eberhards Mutter ist nach dem frühen Tod ihres Mannes noch einmal eine Ehe eingegangen, mit Erzherzog Albrecht von Österreich, dem Bruder des Habsburger Kaisers Friedrich III. Mechthild nahm also unter allen Fürstinnen des Deutschen Reiches einen sehr hohen Rang ein. Nach ihrer Schwägerin, Kaiserin Eleonore, stand sie an zweiter Stelle und nahm nach dem Tod Eleonores dem Zeremoniell nach deren Position ein. Die Ehe mit dem schwierigen, ungeistigen Albrecht allerdings erwies sich für Mechthild nicht als glücklich. Dennoch übte sie großen Einfluss auf diesen Mann aus und man darf sie mit Fug und Recht als die eigentliche Gründerin der Universität Freiburg bezeichnen.
Von ihren württembergischen und habsburgischen Witwensitzen Böblingen und Rottenburg aus behielt sie immer ihren

Vom Mutterkorn bedroht – von der Gicht geplagt

Das Hauptproblem der Menschen im Mittelalter war zweifellos ein Zuwenig an Nahrung. Überernährte Menschen kamen so gut wie gar nicht vor, allenfalls falsch ernährte. Folgeerscheinungen wie Fettsucht, Diabetes oder Herz-Kreislauf-Erkrankungen in der Folge von Überernährung kamen im Unterschied zu heute als Todesursache nicht infrage. Mangelerscheinungen durch Unterernährung oder einseitige Nahrungszufuhr waren weit häufiger.

Gicht und Mutterkornvergiftung

Zwei Krankheiten ragen sozusagen als „unerwünschte Ernährungs-Nebeneffekte" in der damaligen Zeit besonders hervor.
Das ist zum einen die Gicht, bekannt auch als Podagra oder „Königskrankheit", und weit häufiger, weil im Unterschied zur Gicht als Krankheit des armen Mannes auftretend, die Mutterkornvergiftung.
Der Ergotismus, so der medizinische Fachausdruck für die Erkrankung an Mutterkornvergiftung, die in seltenen Fällen auch durchaus in der heutigen Zeit noch auftreten kann, etwa bei einseitiger Nahrungszufuhr mit ungespeiztem Getreide, ist ein Beispiel dafür, dass einseitige Ernährung mit einem schadstoffreichen Nahrungsmittel eine Krankheit auslösen kann. Im Mittelalter und sogar noch später – die letzte bekannte Ergotismus-Epidemie in Deutschland ereignete sich 1879 in Hessen – führte die Mutterkornvergiftung zu richtigen Massenerkrankungen. Sie trat immer dann auf, wenn sich Menschen überwiegend oder ausschließlich von frisch geerntetem

Einfluss auf den Uracher und Stuttgarter Hof ihres Sohnes.

Was Mechthild als Kind am kultivierten Heidelberger Hof im Umkreis ihres gebildeten Elternhauses und der Universität erfahren hatte, baute sie als Herrin von Württemberg in bewundernswerter Weise aus. Die freisinnige, charmante und schöne Mechthild scharte an ihrem Hof Dichter und Denker um sich und bewegte sie dazu, große Werke klassischer französischer und italienischer Literatur ins Deutsche zu übersetzen, um den Menschen ihrer Umgebung den Zugang zur romanischen Kultur des 14. und 15. Jahrhunderts zu ermöglichen. Als einer inspirierenden Persönlichkeit, die andere Menschen begeistern konnte, gelang es ihr, der Kultur der Antike eine geistige Heimat in Württemberg zu bieten. Als Wegbereiterin des Humanismus spielte sie eine bedeutende Rolle. Als strahlender Mittelpunkt eines fröhlichen Kreises von Künstlern, Malern, Bildhauern, Musikern und Wissenschaftlern ließ sie die Menschen im Land eine heitere Welt erahnen, die den Württembergern immer wieder fremd werden und doch Gegenstand ihrer Sehnsüchte bleiben sollte.

Wegbereiterin des Humanismus in Württemberg

Im Jahr der Wiedervereinigung Württembergs, 1482, starb sie im Alter von 63 Jahren.

Eberhard im Bart konnte seine Herrschaft in Württemberg wohl ordnen und Vorsorge für Notzeiten treffen, als ihn der Tod im Alter von nur 50 Jahren ereilte. Im Februar 1496 starb er kinderlos auf Schloss Hohentübingen. In dem von ihm wenige Jahre

Ursachen der Mutterkornvergiftung

Roggen ernährt hatten. Die Ursache für die Vergiftung durch Mutterkorn ist nämlich eine Pilzerkrankung des Roggens. Der braun bis violettbraun gefärbte Schlauchpilz sieht aus wie ein übergroßes Getreidekorn und schiebt aus den Spelzen der Roggenähre hervor.

Beim Ausbruch der Krankheit kommt es zu Magen-Darm-Störungen und so genannten Parästhesien. Das bedeutet für den Erkrankten

zuvor gegründeten Stift St. Peter in Einsiedel, im Wald des Schönbuch bei Tübingen gelegen, wurde er begraben. Seine letzte Ruhestätte fand er nach der Reformation 1537 in der Tübinger Stiftskirche.
Wie sehr Kaiser Maximilian diesen Herzog von Württemberg geschätzt hat, zeigen seine Worte bei seinem Besuch am Grabe Eberhards zwei Jahre nach dessen Tod: „Hier liegt ein Fürst, welchem ich im Ganzen Römischen Reich an Verstand und Tugend keinen zu vergleichen weiß."

Mathis Grünewalds Gemälde „Die Versuchung des Heiligen Antonius" vom Isenheimer Altar in Straßburg (um 1470/75) zeigt eine Gestalt mit durch den Ergotismus aufgetriebenem Leib, verkrüppelten Armen und flossenartigen Füßen.

starkes, bald unerträgliches Kribbeln der Finger und Zehen, weshalb man auch von „Kribbelkrankheit" sprach. Guy Didier, ein Arzt in Diensten des Krankenpflegeordens der Antoniter, berichtete im 16. Jahrhundert, „dass bei dieser Krankheit solcher Schmerz und Hitze entstehen, dass sie einer wirklichen Verbrennung gleichkommen".

„Ignis sacer", „das heilige Feuer" oder „Antonius-Feuer" nannten die Menschen diese qualvolle Krankheit deshalb, nach dem Schutzheiligen der Spitäler des Antoniterordens, einer Bruderschaft, die sich mit 369 Spitälern in ganz Europa der Krankenpflege widmete.

Hans von Gersdorff, Arzt im großen Antoniter-Spital zu Straßburg, berichtet in seinem „Feldtbuch der Wundtartzney" aus dem Jahr 1517, dass er ungefähr 200 Amputationen an den dort Hilfe Suchenden vorgenommen habe, und dabei zu seiner eigenen Überraschung ohne Betäubung vorgehen konnte. Das deutet darauf hin, dass die äußeren Gliedmaßen, Finger und Zehen, Hände oder Füße, gefühllos geworden, die sensiblen Nerven infolge von Gefäßlähmungen abgestorben sind. Sie werden nach anfänglichem Kribbeln und Brennen gefühllos, gangraenös, also brandig, und trocknen schließlich aus. Dies entstellte und verstümmelte die Menschen und ließ sie aussehen wie Leprakranke. Oft wurden beide Erscheinungsformen auch verwechselt und es konnte durchaus passieren, dass ein an Mutterkornvergiftung Erkrankter als Aussätziger vor die Tore der Stadt verbannt wurde und unter den ausgestoßenen Leprakranken dahinvegetieren musste.

Dabei ist die Mutterkornvergiftung, die damals eine extrem hohe Sterblichkeitsrate aufwies, durchaus heilbar gewesen. In den Spitälern der Städte, wo mutterkornfreies Brot und Mischkost gereicht wurde, gesundeten die Patienten recht schnell, erkrankten teilweise jedoch erneut, wenn sie nach Hause entlassen wurden. Dort, meist auf dem Land, mussten sie sich wieder einseitig von infiziertem Getreide ernähren, besonders nach einem vorangegangenen feuchten Frühjahr und einem kurzen, heißen Sommer als günstige Voraussetzung für die Pilzentwicklung. Durch Lagerung nimmt der Gehalt an giftigem Mutterkorn allmählich ab, weshalb die Krankheit in den Städten, wo das Korn in den Vorratsspeichern erst einmal gelagert wurde, selten vorkam. Auch bei Wohlhabenden trat sie so gut wie nie auf. Diese konnten sich gereinigtes Getreide für das Mehl ihres feinen Brotes leisten.

Außerordentlich schmerzhaft äußerte sich die Gichtkrankheit, von der über Jahrhunderte hinweg zahlreiche Könige und Päpste befallen waren, die bei einem Gichtanfall oft von solch rasenden Schmerzen gequält wurden, dass sie nahezu regierungsunfähig waren. Der deutsche Kaiser Karl V., die englischen Könige Heinrich VII. und Heinrich VIII. oder Mitglieder des Hauses Medici wie Cosimo, sein Sohn Peter der Gichtige und auch Lorenzo der Prächtige galten als die prominentesten Gichtkranken. Auch Michelangelo oder Admiral Lord Nelson wurden immer wieder von akuten Gichtanfällen heimgesucht, die sich durch sehr schmerzhafte Entzündungen meist eines Gelenkes – der großen Zehe etwa – mit Rötung, Schwellung und Hitze zeigten. Heute weiß man, dass eine genetische Disposition, das heißt eine erbliche Anlage hierfür besteht. Doch schon im Mittelalter war den Menschen bewusst, dass hauptsächlich falsche Ernährung, das heißt übermäßiger Fleischgenuss und zu viel Alkoholkonsum, für die Gicht verantwortlich sind. Als typische Auslöser für einen akuten Gichtanfall werden Festessen und Schlemmereien geschildert, Feiertage, Jagdausflüge, bei denen Unmengen von Fleisch und schweren Weinen konsumiert wurden. „Bachus der Vater, Venus die Mutter, Luxuria die Hebamme, das Kind heißt Podagra“, so ein gängiger Spruch im späten Mittelalter. Die Ärzte hatten ein verhältnismäßig leichtes Spiel, einen Gichtkranken zu kurieren. Der Entzug von Alkohol und Fleisch, eine Diät mit Wasser und Gemüse heilten schnell – bis zur nächsten Völlerei.

Gemüse wurde bei den Reichen kaum gegessen. Es galt als Nahrung für arme Bauern und fromme Mönche. Früchte, so glaubte man, könnten Melancholie hervorrufen.
Sicherlich ist das Podagra damals so bekannt gewesen, weil die Betroffenen prominent waren. Eine Massenerkrankung war es gewiss nicht. Die Krankheit trat in der Folge eines ernährungsbedingt erhöhten Harnsäurespiegels nur bei denjenigen auf, die sich ein Zuviel an Fleisch und Wein und ein Zuwenig an Selbstdisziplin leisten konnten, und das waren die wenigsten Menschen jener Zeit.

Die Sage von der Laugenbrezel

Der pfiffige junge Bäcker Frieder von der Schwäbischen Alb gefiel dem ebenfalls noch jungen Grafen Eberhard in seiner aufgeweckten, frischen Art ganz besonders gut. Und da er nicht nur besonders gutes Backwerk fertigte, sondern auch noch recht passabel kochen konnte, beschloss Eberhard, diesen Burschen in seinem Versorgungstross auf seine Pilgerreise ins Heilige Land mitzunehmen. Während der langen und beschwerlichen Reise, auf der angesichts der vielen Gefahren, die überall lauerten, die Standesunterschiede zwischen dem Grafen und dem Bauernbub von Tag zu Tag mehr in den Hintergrund traten, freundeten sich die beiden Männer an, und als sie wieder in ihre Heimat zurückgekehrt waren, schenkte der Graf dem Frieder zur Belohnung für seine guten Dienste eine Bäckerei in seiner Residenz Urach. Der junge Bäcker war ein interessanter Mann geworden und konnte darüber hinaus Wohlstand und Sicherheit bieten. So bekam er auch das hübscheste Mädchen von ganz Urach zur Frau.

Das musste den Neid anderer auf sich ziehen, und prompt versuchten diese Neider dem Erfolgreichen etwas Schlechtes anzuhängen. Sie behaupteten und „bewiesen", dass Frieder Kilolaibe Brot verkaufe, die weniger wiegen, und er somit ein Betrüger sei. In Notzeiten stand auf solchen Lebensmittelbetrug die Todesstrafe und so musste Graf Eberhard seinen jungen Freund verurteilen. Dies tat ihm so Leid, dass er beschloss, Gnade vor Recht ergehen zu lassen, und dem Frieder eine Galgenfrist bot: „Wenn du innerhalb von drei Tagen ein Gebäck erfindest, das an einem Stück ist und durch das die Sonne dreimal hindurchscheint, dann sollst du frei sein."

Zwei Tage lang formte der arme Frieder Ringe und Spiralen mit drei Löchern, doch es war wie verhext. Zum ersten Mal fiel ihm nichts ein. Er hatte nur immer die Galgenschlinge vor Augen und war der Verzweiflung nahe. Am Abend vor dem dritten Tag gab er auf. Er wollte die letzte Nacht noch einmal mit seiner Frau verbringen. Und als er sie so daliegen sah, das geliebte Köpfchen auf den verschränkten Armen liegend, da überfiel ihn so recht der ganze Jammer, dass er sein Glück so früh verlieren sollte. Doch mitten im Sinnieren blitzte in ihm die rettende Idee und anstatt zu seiner Frau zu schlüpfen, eilte er in die Backstube. Er rollte eine lange Schnur aus gesalzenem Teig, denn der Graf wollte es lieber salzig als süß, und schlang und werkelte so lange, bis er das Bild von den verschlungenen Armen seiner schönen Frau umgesetzt hatte. Und siehe da: Es war aus einem Stück und die Sonne konnte tatsächlich durch die entstandenen Löcher dreimal hindurchscheinen! Sorgfältig legte Frieder die Teigstücke zum Trocknen auf ein Holzbrett. Früh am nächsten Morgen wollte er sie in den Ofen schieben, damit er das Gebäck ganz frisch zu seinem Herrn ins Schloss liefern konnte. Beruhigt ging er nun zu Bett.

Als er im Morgendämmer aufstand und den Ofen anheizte, da schreckte er die Katze auf, die mit einem Satz davon sprang und dabei das Backblech mit den geschlungenen Teigstücken umstieß. Diese purzelten in den Eimer mit Lauge, der am Boden stand – und das Schicksal Frieders schien besiegelt. Er jammerte laut. Seine Zeit war um, das Gebäck verdorben, sein Leben verwirkt. Da handelte seine Frau. Geschwind fischte sie die Teigstücke aus der Lauge, streute einige Körner grobes Salz darüber und schob sie in den heißen Ofen. Bang warteten die beiden und als Frieder nach einiger Zeit das Gebäck herausholte, kamen köstlich duftende Stückchen heraus, in der Mitte hell aufgesprungen, weich wie Wecken im Inneren, die Ärmchen knusprig. Das noch ofenwarme braune Gebäck mundete dem Grafen so wohl, dass er es fortan zu seinem Lieblingsgebäck erklärte und sich immer ein Viertel Trollinger-Wein dazu reichen ließ. Und als seine gebildete Frau Barbara von Gonzaga aus Mantua die Geschichte von den gekreuzten Armen der Bäckersfrau hörte, nannte sie das Gebäck nach dem lateinischen Wort für

„Arme" „bracchia". Da unser guter Frieder dieses Wort jedoch nicht aussprechen konnte, erlaubte sie ihm „brazula" dazu zu sagen. Und mit der Zeit wurde daraus die „Brezel" und das bei Alt und Jung, Arm und Reich beliebteste Gebäck im Land.

Der Arme Konrad –
Aufstand der Bauern

Die Einführung des „Ungelds" erzürnt die Bauern

„Haben die Bauern Recht, so fall' zu Boden, hat aber unser Herr Recht, so schwimm empor!" So rief der Mann aus dem Schorndorfer Amtsort Beutelsbach, den man Gaispeter nannte und der mit einigen aufgestachelten Kameraden, begleitet von Trommlern und Pfeifern, am 2. Mai 1514 an die Rems gezogen war und die neu eingeführten Gewichtssteine zum Fleischabwiegen in den Fluss warf, um mit dieser „Wasserprobe" allem Volke die Ungeheuerlichkeit der Maßnahme des Herzogs vor Augen zu führen, die durch die Einführung von neu geeichten, leichteren Gewichtseinheiten und kleineren Schenkmaßen eine enorme Verteuerung der Lebensmittel kaschieren wollte. Während der junge Herzog Ulrich nebenan in Stuttgart kostspielige Kriegs- und Jagdabenteuer plante und sich den teuren Vergnügungen des Hoflebens, Tanz, Musik und üppigen Schlemmereien hingab, litt das Volk Hunger und Not. Der Herzog hatte Schulden und kümmerte sich nicht um die Sorgen seiner Württemberger, die gefälligst dafür aufzukommen hatten. Nach mehreren Missernten waren die Preise für Getreide in den letzten fünf Jahren um das zwei-bis vierfache, für Wein um mehr als das Doppelte gestiegen. Da die bürgerliche Oberschicht erfolgreich ihren ganzen Einfluss geltend gemacht hatte, um die vom Herzog geplante Vermögenssteuer von einem halben Prozent

Aus dem Land gejagt – Herzog Ulrich und die Reformation

Die zielstrebige Entschlossenheit, die Ruhe und Selbstsicherheit, die von der Herrscherfigur des Grafen und späteren Herzogs Eberhard im Bart während dessen Regierungszeit ausging, sollte in Württemberg bald schmerzlich vermisst werden.

Eberhard der Jüngere stürzt Württemberg in eine tiefe Krise

Sein Vetter und Nachfolger Eberhard der Jüngere (um 1447 – 1504) stürzte sein Land in kurzer Zeit durch Willkür und Misswirtschaft in eine tiefe Krise. Die behutsame, letztlich von Erfolg gekrönte Politik des ersten Herzogs von Württemberg gedachte er keineswegs fortzusetzen. Im Gegenteil, bewährte Regierungsmitglieder schaltete er aus, um sie durch ihm hörige Leute zu ersetzen, die allein auf ihren eigenen Vorteil bedacht derart im Land hausten, dass viele angesehene Bürger, die seither maßgeblich zum Gedeihen des Landes beigetragen hatten, sogar um ihr Leben fürchten und außer Landes fliehen mussten.

Von der Kehrtwendung im Regierungsstil des neuen Herzogs zeugt u.a. auch die Berufung eines gewissen Konrad Holzinger zum Rat, eines entlaufenen Augustinermönchs, der bereits 1489 von Eberhard im Bart ins Tübinger Gefängnis geworfen worauf zwölf Jahre abzuwenden, führte er eine Verbrauchssteuer, eine Art Mehrwertsteuer ein, das „Umgeld" auf Fleisch, Getreide und Wein, und dies traf nun die Bauern und alle übrigen ärmeren Bevölkerungsschichten besonders hart, während die Wohlhabenderen kaum etwas davon merkten.

Mir seiner spektakulären Inszenierung eines „Gottesurteils" über die betrügerischen neuen Gewichtssteine hat der Gaispeter nicht nur die allgemeine empörte Stimmung im Land getroffen, sondern die Initialzündung zu einem Aufstand des gemeinen Mannes gegen die Obrigkeit gegeben, der bald das ganze Land überzog und sich durch gewalttätige Unruhen Bahn brach. Gaispeter mit seiner Protestaktion war in aller Munde. Als er die Glocken zum Sturm läuten ließ, folgten ihm 2000 Leute auf den Kappelberg bei Fellbach. Da die Bauern keineswegs nur mit Sensen oder Mistgabeln ausgerüstet waren, sondern wie Reservisten zum allgemeinen Landesaufgebot gehörend mit Schwertern, Spießen und Gewehren bewaffnet waren, wurde der Bauernhaufen schnell zur veritablen Bedrohung, als er aufgebracht vor die Tore der Amtsstadt Schorndorf zog.

Herzog Ulrich reagiert sofort

Auch der Herzog erkannte die Gefahr und bat umgehend seine Verbündeten um militärische Unterstützung. Die Reichsstadt Esslingen hatte bereits am Tag nach Gaispeters Aktion Hilfe zugesagt, und der Adel im Land war von Ulrich aufgefordert worden, so schnell wie möglich bewaffnet „zu Ros grust" nach Stuttgart zu kommen. Man hielt zusammen in den Kreisen derer, die „ihr Sach" zu verteididen war und nun beim neuen Herrscher in hohem Ansehen stand. Die Zustände im Land wurden bald so unhaltbar, dass nicht nur ohne Wissen und in Abwesenheit des Herzogs im März 1498 der Landtag zu einer Notsitzung einberufen und zwölf andere, fähige Männer zur Regentschaft bestimmt wurden, eine Ungeheuerlichkeit für damalige Verhältnisse, sondern der Herzog selbst auch abgesetzt wurde. Dieser geradezu revolutionäre Akt der Landstände wurde von dem gerade in Ulm weilenden Kaiser abgesegnet und der erst elfjährige Ulrich, Neffe des Herzogs und ohnehin einmal zur Nachfolge ausersehen, in die Regentschaft eingesetzt. Die erfahrenen Räte würden schon die Regierungsgeschäfte in rechter Weise für den Kleinen führen, da war man sich sicher. Im Juni desselben Jahres dankte der „entlassene" Herzog Eberhard der Jüngere wegen „Alter und Plodigkeit unseres leibs" ab.

Erzwungene Abdankung eines unfähigen Herzogs

1503 erklärte Kaiser Maximilian den 16-jährigen Ulrich vorzeitig für mündig, belehnte ihn offiziell mit Württemberg und verlobte ihn gleich, ob er dies wollte oder nicht, mit seiner Nichte Sabina von Bayern-München. 40 Jahre – mit Unterbrechungen – sollte Ulrich, der dritte Herzog von Württemberg, regieren. Diese markierten eine unruhige, äußerst schwierige Zeit nicht nur in der Geschichte Württembergs, sondern im ganzen damaligen Europa.

gen hatten. Angeblich soll es aber einer Abordnung von Schorndorfer Bürgern aus der Ehrbarkeit gelungen sein, die Aufrührer mit Brot und Wein zu besänftigen. Überhaupt fielen die protestierenden Bauern zu keiner Zeit durch Terrorakte oder ähnliche brutale Verhaltensweisen auf.

Die Unruhen breiten sich schnell aus

Die Unruhen griffen dennoch bald auch auf andere Gebiete über. In Markgröningen brach nach einer regierungskritischen Predigt des angesehenen Pfarrers Dr. Reinhard Gaißlin, der offen für die Armen eintrat, ein Aufruhr aus, bei dem Tore und Mauern von den Aufständischen besetzt und die verhassten Beamten ernsthaft bedroht wurden. Markgröningen sollte nicht die einzige Stadt bleiben. Bald waren Güglingen und Brackenheim in Aufruhr, Blaubeuren geriet in die Hände der Aufständischen, und so ging es beängstigend schnell weiter. Selbst die Landeshauptstadt blieb vor dem „Mob" nicht verschont.
Zum Kirchweihfest in Untertürkheim waren in geheimer Verabredung trotz Verbots der Verdacht hegenden Regierung am 28. Mai 1514 etwa 2000 Sympathisanten vom Zabergäu bis zur Schwäbischen Alb gekommen und in nur wenigen Tagen wurden Rebellionen aus allen Ämtern des Landes gemeldet.

Die Kommunikation unter den Aufständischen funktionierte erstaunlich gut. In einigen Städten hatten sie sogar Kanzleien als politische Zentralen eingerichtet, für Bauern und einfache Handwerker eine ungewöhnliche Leistung. So entsandten und empfingen sie zum Beispiel in Schorndorf in der Schreib-

Zeit der Wirren

Beginnende Neuzeit: kritische Jahre des Umbruchs

Während sich die einzelnen Landesterritorien im Deutschen Reich immer mehr zu eigenständigen politischen Machtbereichen entwickelten und häufig in Bündnissen ein Gegengewicht zur Zentralgewalt des Kaisers und damit des Hauses Habsburg bildeten, schienen alte Ordnungen nicht mehr zu gelten und die neuen Kräfte hatten sich noch nicht zuverlässig durchgesetzt. Es war die Zeit des ausgehenden Mittelalters und der beginnenden Neuzeit, in der sich allmählich auch ein neues Menschen- und Weltbild Weg bahnte.
Auch das Herzogtum Württemberg befand sich im Umbruch. Der Adel und die Ritterschaft verloren an Einfluss, die bürgerliche Schicht hingegen gewann im Verhältnis zum Landesherrn immer mehr Macht.
Dass die vernachlässigten Bauern und unteren Schichten der Bevölkerung sich nicht mehr nur in der Dulderrolle finden wollten, zumal die Gottgegebenheit der verschiedenen Stände, in die man hineingeboren wurde, zunehmend bezweifelt wurde, zeigt nicht nur der Aufstand des Armen Konrad in Württemberg, sondern ein Jahrzehnt später der große Bauernkrieg von 1525 in ganz Deutschland.
Eine tiefe Krise für die Menschen der damaligen Zeit bedeuteten die Auseinandersetzungen in der Kirche um die Reformation, die letztlich zur Glaubensspaltung und auch zu einer neuen Vorstellung von der Freiheit eines Christenmenschen führten.

Pieter Brueghel d. Ä., „Triumph des Todes" (um 1560). Der Bildausschnitt verdeutlicht die apokalyptischen Vorstellungen der Zeit.

Forderungen der Aufständischen

stube des Messerschmieds Kasper Bregenzer verschiedene Briefe, Kuriere gingen ein und aus und die Bewegung gewann so schnell immer mehr Anhänger, die alle von denselben Existenzsorgen um sich und ihre Familien gequält wurden. Die meisten hatten Frau und eine ansehnliche Kinderschar zu Hause. Bald forderten sie nicht mehr nur erschwingliche Lebensmittelpreise und die Rücknahme von immer mehr um sich greifenden Strafverschärfungen seitens einer arroganten Beamtenschaft wegen oft nur geringer Vergehen gegen die Obrigkeit, oder die Aufhebung des Verbots der Nutzung des Waldes zur Eigenversorgung mit Holz, Beerenfrüchten und Wild, sondern auch eine Mitwirkung im

Angst vor Höllenqualen und dem Fegefeuer

Neue Einsichten in die Naturwissenschaften und die Entdeckung der Neuen Welt verunsicherten die Menschen zutiefst. Nichts war mehr so, wie es seit Menschengedenken gewesen war. Ängste bedrängten die Menschen, der Antichrist schien umzugehen und wurde ausgemacht im Papst für die einen, in Martin Luther für die anderen; nicht wenige personifizierten ihn mit den Türken. Astrologen hatten Hochkonjunktur, Nostradamus prophezeite eine Katastrophe nach der anderen. Der Ablasshandel blühte, weil sich die Menschen von den drohenden Höllenqualen und dem Fegefeuer freizukaufen trachteten.

Landtag, in dem ausgerechnet die Bauern und unteren Schichten, somit der Großteil der Bevölkerung, nicht vertreten waren. Obwohl der erschrockene Herzog Ulrich gleich zu Beginn der Unruhen die Aufhebung der anstößigen neuen Steuer verkündete, flammte der Aufruhr bald von neuem auf, diesmal noch gezielter und geordneter.

Die Entstehung des landesweiten Schlachtrufs der Widerständler, „Armer Konrad", lässt sich nicht mit Sicherheit zurückverfolgen. Ob dafür eine real existierende historische Persönlichkeit Pate stand, ein Ort oder ein bestimmtes Ereignis, weiß man nicht. Sicher ist, dass die zeitgenössisch-volkstümliche Bezeichnung „Armer Konrad" als Inbegriff des

Illustration zu einem zeitgenössischen Reimgedicht über den Armen Konrad (1514).

Apokalyptische Ängste kontra Fortschrittsglaube

Einzig die Humanisten, welche die Literatur und Philosophie der Antike wieder zum Leben erwecken wollten, träumten von einem „goldenen Zeitalter" und glaubten, das „finstere" Mittelalter überwunden zu haben: „O saeculum, o literae! Juvat vivere!" jubelte der Dichter Ulrich von Hutten 1518: „Oh Jahrhundert! Oh Wissenschaft! Es ist eine Lust zu leben!"
Hier brach sich gleichsam als Gegenbewegung zum allgemeinen Pessimismus ein Fortschrittsglaube Bahn. Der französische Naturwissenschaftler Jean Fernel schrieb 1548 glücklich: „Die Erde ist umsegelt, der größte Teil der Kontinente entdeckt, der Kompass erfunden; die Druckpresse verbreitete das Wissen, das Schießpulver hat die Kriegsführung revolutioniert, die antiken Schriften sind gerettet und die Wissenschaft ist wieder ins Recht gesetzt. All dies legt Zeugnis ab vom Triumph unseres neuen Zeitalters."

Kopernikus – ein neues Weltbild bricht sich Bahn

Das sich mit Kopernikus andeutende neue heliozentrische Weltbild von der Sonne als Mittelpunkt, um den sich die Planeten und damit auch die Erde drehte, und die Abkehr von der weitverbreiteten Vorstellung, die Erde sei eine Scheibe und der Mittelpunkt des Universums, die später von Kepler, Galilei und Newton bestätigt wurde, bedeutete für die Menschen allerdings keinen Triumph, sondern wurde eher als „kosmologische Kränkung" empfunden.

Mit Herzog Ulrich sollte Württemberg in jenen Jahren nicht nur eine zeittypisch unruhige, sondern eine der farbigsten Figuren

Widerstands gegen die Herrschaft im Kreise der Unzufriedenen in der Gegend um Beutelsbach und Schorndorf schon existierte, bevor Gaispeter seine „Gewichtsteine-Show" und den Zug zum Kappelberg veranstaltete.
Der Aufstand entpuppte sich als viel mehr als der Protest gegen die als Unrecht empfundene Verbrauchssteuer. In einem schon lange schwelenden politisch-sozialen Konflikt lieferte diese nur den berühmten Tropfen, der das Fass zum Überlaufen brachte.

Die Bundschuh-Bewegung

Der auf Württemberg beschränkte „Aufstand des Armen Konrad" stand in der damaligen Übergangszeit vom ausgehenden Mittelalter zur beginnenden Neuzeit um 1500 sogar in einer blutigen Tradition von Aufständen im süddeutschen Raum, die schließlich in den großen Bauernkrieg von 1525 mündeten.
Die bekannteste der Rebellionen, die Bundschuhbewegung, ging bereits in die frühen Neunzigerjahre des 15. Jahrhunderts zurück und sollte von ihrem Ursprungsgebiet im Oberrhein, im elsässischen Schlettstadt und im Breisgau aus mit ihrem von den Bauern alltäglich getragenen Bundschuh in ihren Fahnen ein Erkennungszeichen all derer werden, die sich im großen Bauernkrieg mit den Zielen des gemeinen Mannes identifizierten.
Aber auch in vielen oberschwäbischen Klostergebieten wie Kempten, Rot, Schussenried, Ochsenhausen und Salem war es zu Revolten gekommen, und auch die Erhebungen der Bauern in der Schweiz, im Salzburger Land, in der Steiermark und in Kärnten zeugen von der allgemeinen Unzufriedenheit, ja Not und Verzweiflung im Volk – nicht nur in Württemberg.

unter den europäischen Fürsten zum Herrscher haben.

Geburt des späteren Herzogs Ulrich im Elsass

Eigentlich hieß Ulrich Eitel Heinrich. Er wurde am 8. Februar 1487 im damals württembergischen Reichenweiher im Elsass, dem heutigen Riquewihr, als Sohn Graf Heinrichs von Württemberg, des Vetters von Eberhard im Bart, geboren. Seine Mutter starb schon wenige Tage nach seiner Geburt im Kindbett, und als er drei Jahre alt war, wurde sein jähzorniger Vater, im Volksmund wegen seiner wilden, unkontrollierten Wutausbrüche der „tolle Heinrich" genannt, auf der Festung Hohenurach festgesetzt. Ein Lichtblick in der traurigen Familiengeschichte dürfte der Halbbruder Ulrichs, Georg gewesen sein. Dieser wurde später mit den Regierungsgeschäften der linksrheinisch gelegenen Grafschaft Mömpelgard betraut und hielt zeitlebens in seltener und uneigennütziger Treue zu seinem Bruder.

Der kleine Eitel Heinrich war derweil schon im Säuglingsalter zum kinderlosen, damals 42-jährigen Eberhard im Bart und seiner zehn Jahre jüngeren Frau Barbara in Obhut gegeben worden. Immerhin sicherte seine Existenz deren Erbfolge und Dynastie. Der Kleine sei in einem Korb versteckt auf dem Rücken eines treuen Dieners von Reichenweiher nach Straßburg und dann nach Stuttgart gebracht worden, um eine etwaige Entführung zu verhindern. Eine durchaus glaubhafte Geschichte, hätte man für den prominenten Stammhalter doch ein stattliches Lösegeld erpressen können.
Nach seinem Großvater Ulrich dem

Dass nun der Herzog im Juni 1515 ausgerechnet mit der Einberufung des Landtags nach Tübingen ohne Berücksichtigung der sehnsüchtig in Stuttgart wartenden Abgeordneten der Bauern eine unsensible Antwort auf die Forderung der Aufständischen gab, wurde als Provokation empfunden. Die Bauern konnten ihre Beschwerden nicht einmal dem Herzog persönlich überreichen.

Beschwerdeschrift der Bauern und deren Forderungen

In ihrer Beschwerdeschrift griffen sie die drei Hauptberater des Herzogs, Marschall Thumb von Neuberg, Kanzler Gregor Lamparter und Landschreiber Heinrich Larcher, damit also auch den Regierungsstil des Herzogs, scharf an. Sie wurden für die Zerrüttung der Finanzen, die Verschwendung der Gelder und die vielen Gebührenerhöhungen verantwortlich gemacht und der persönlichen Bereicherung bezichtigt. Eigennutz, Bestechlichkeit, Vetternwirtschaft der Beamten wurden bemängelt. Ihnen wurde Veruntreuung öffentlicher Gelder vorgeworfen.

Die meisten Klagen bezogen sich auf das Forstwesen und die Landwirtschaft. Die Herrschaft beanspruchte den Wald, der seither von der Bevölkerung als Weideland, für Bau- und Brennholz genutzt worden war, nun für eigene Zwecke und untersagte den Bauern unter Strafandrohung diese Nutzung ebenso wie das Jagdrecht.

Hinzu kam, dass die immer selbstbewusster gewordene Beamtenschaft mehr und mehr härtere und entehrende Strafen selbst bei nur kleineren Vergehen verhängte, hohe Geldbußen, unzumutbare Frondienste und Gebühren für die Waldnutzung verlangte. Waldfrevel, meist aus Not begangen, wurde streng geahndet.

Vielgeliebten wurde der sechsjährige Eitel Heinrich bei seiner Firmung umbenannt. Der künftige Herzog sollte einen der Dynastie verpflichteten Namen bekommen.

Erziehung eines zukünftigen Herzogs

Die anfänglich sorgfältige Erziehung unter Eberhard, den geistigen Idealen der aus Italien heranströmenden Renaissance verbunden, wurde nach dessen frühem Tod 1496 abgelöst von ritterlichen Übungen zur Körperertüchtigung und Jagd, und der Neunjährige wuchs nun recht allein gelassen, wild und rau auf, wurde ein Hundeliebhaber und leidenschaftlicher Jäger, pflegte jedoch gleichzeitig mit großer Begeisterung die Musik.

Die mittelalterliche Gebundenheit an ein hohes Ideal, das der Herrscher erfüllen sollte, war in dem Jüngling einer Vorstellung gewichen, die den Menschen als seinen eigenen Bildner betrachtete. Entsprechend zügellos und verschwenderisch gestaltete Ulrich sein Leben als junger Herzog am Stuttgarter Hof und machte zunächst einmal viele Schulden. Legendär sind die prunkvollen Feierlichkeiten anlässlich seiner Hochzeit mit Sabina von Bayern im Jahr 1511 geworden.

Allein die Menge der Speisen für die für das kleine Württemberg eigentlich viel zu vielen Gäste aus den entlegensten Ländern übersteigt jedes vorstellbare Maß. Flüsse und Seen im ganzen Land wurden zuvor regelrecht leer gefischt, tagelang waren die herzoglichen Jäger in den Wäldern zur Jagd. 500 Stück Wildbret, 450 Hasen, 2759 Krammetsvögel, 570 Kapaunen, 1200 Hühner, ungezählte Pfauen, Enten, Gänse,

Der Staat organisierte, kontrollierte und beanspruchte immer mehr Lebensbereiche, während der gemeine Mann seine althergebrachten Rechte und Gewohnheiten verteidigte. Besonders radikal oder gar revolutionär waren die Forderungen der um ihre Existenz ringenden Bauern gewiss nicht. Ein kluger Herrscher hätte diese für den Übergang vom Mittelalter zur Neuzeit typischen Spannungen ausgeglichen. Doch der sture, skrupellose Ulrich reagierte mit unverständlicher Härte.

Die Antwort Herzog Ulrichs: der Tübinger Vertrag 1514

Er verbündete sich mit der bürgerlichen Führungsschicht und billigte ihr im Gegenzug zu ihrer Unterstützung Rechte zu. Diese zögerte nicht sich auf Kosten der unteren Bevölkerungsschicht im Land im berühmten Tübinger Vertrag von 1514 mit einer für damalige Verhältnisse enormen Machtposition ausstatten zu lassen. Das bedeutete durch die Sicherung der Mitbestimmungsrechte zwar im Verhältnis zum Herzog eine gewisse Demokratisierung und auf lange Frist gesehen einen Fortschritt, jedoch unter Ausschluss der Mehrheit des Volkes.

Der Landtag erklärte sich dem erleichterten Herzog zur Tilgung seiner Schulden bereit und ließ sich im Gegenzug folgende Rechte zusichern: Den Verzicht des Landesherrn auf eigenmächtige Steuererhebung und Steuerverwaltung, Mitbestimmung beim Eintritt in Kriege, das Zustimmungsrecht zur Veräußerung von Landesteilen durch den Herzog, und die persönlichen Grundrechte der Freizügigkeit über die Landesgrenzen hinaus, sowie den Anspruch auf ordentliche Gerichtsverfahren bei Klage auf Leib und Leben. Dies waren Rechte, die damals durch-

Ulrichs prunkvolle Hochzeit mit Sabina von Bayern

Tauben, Auerhähne wurden geliefert, 136 Ochsen, 1800 Kälber, 130 Schweine wurden geschlachtet und elf Tonnen Salme und Lachse, fünf Tonnen Rheinfische, 150 Zentner Hechte, 650 Zentner Karpfen, 90 Tonnen Heringe gefischt. Die Forellen, Aale und Krebse wurden wiederum gar nicht gezählt. Zum Würzen und Verfeinern der Speisen verbrauchten die Köche 36 Pfund Ingwer, 120 Pfund Nelken, 40 Pfund Safran und 35 Pfund Süßholz. Getrocknete Früchte und Konfekt besorgte der Tübinger Apotheker. Abends beleuchteten Kerzen die Säle, für die 3600 Pfund Wachs und 4000 Pfund Unschlitt verbracht wurden, und der Brunnen spendete aus zwei Röhren Wein. Hätte das Brautpaar doch nur ein winziges Quäntchen von diesen Mengen an Glück in ihrer Ehe gehabt!

Aufstand der Bauern

Als der junge Herzog seine Schulden u. a. durch eine neu eingeführte Verbrauchssteuer zu tilgen suchte, – eine Vermögenssteuer hatten die Wohlhabenden im Land schnell zu verhindern gewusst –, da kam es im Volk zum Aufstand des Armen Konrad, dessen Niederschlagung Ulrich große Zugeständnisse an die Landstände, insbesondere die städtische Ehrbarkeit, die eng untereinander verknüpfte bürgerliche Oberschicht in den württembergischen Städten, kostete.

Für Kaiser Maximilian, der den jungen Ulrich früh und beinahe schmeichelnd an sich zu binden suchte, bedeutete die Ehe Ulrichs das Unterpfand einer österreichisch-bayerisch-württembergischen Allianz,

aus keine Selbstverständlichkeit bedeuteten. Im Vertrag wurden gleichzeitig rigorose Strafen bei etwaigem neuen Aufruhr verhängt. Jeglicher Aufstand sollte von nun an mit dem Tode bestraft werden.

Der Widerstand der Bauern bricht zusammen

Als die herzoglichen Gesandten ausströmten, um die übliche Huldigung auf den Tübinger Vertrag einzufordern, stießen sie auf breite Ablehnung. Im Remstal und in Urach, wo sich der Widerstand inzwischen konzentriert hatte, kam es sogar erneut zu offenem Aufruhr, den der Herzog diesmal zusammen mit seinen Verbündeten aus den Nachbarländern, die ein Übergreifen der Unruhen auf ihr eigenes Territorium zu verhindern suchten, militärisch niederschlug und für die Anführer drakonische Strafen bereithielt. Der Widerstand brach schlagartig zusammen.

Öffentliche Strafverfahren gegen die Anführer des Aufstandes

Viele Anführer des Armen Konrad flohen, um sich der drohenden herzoglichen Strafjustiz zu entziehen. Alle anderen Teilnehmer am Aufruhr, derer die Obrigkeit habhaft werden konnte, wurden verhaftet und gefoltert, um weitere Namen von Beteiligten aus ihnen heraus zu pressen.
Mit dem folgenden Strafverfahren wurde auf dem Wasen vor den Toren Schorndorfs noch während der erzwungenen Huldigung in Anwesenheit des Herzogs, seiner Räte und seiner Verbündeten bereits am 7. August 1514 ein öffentliches Exempel statuiert. Der Aufruhr hatte am 2. Mai begonnen, also gerade einmal ein Vierteljahr gedauert, und ist in der Erinnerung des Volkes bis heute lebendig geblieben.

Kaiser Maximilian versucht Ulrich an sich zu binden

ebenso wie der Schwäbische Bund von 1488, in dem Fürsten, Grafen, Prälaten als Vertreter der Geistlichkeit, Ritter und vor allem die aufstrebenden Städte die territoriale Ordnung und damit ein hohes Maß an Frieden und Sicherheit gewährleisteten, gleichzeitig aber auch die habsburgische Reichspolitik absicherten.

Unglückliche Ehe und Zwist mit dem Kaiser

Doch er hatte die Rechnung ohne den herrscherstolzen, eigenwilligen Ulrich gemacht. Nicht nur, dass die Ehe, aus der zwar zwei Kinder, Anna und Christoph, hervorgingen, die die Dynastie sicherten, äußerst unglücklich verlief. Die aufbrausenden Charaktere der beiden Partner passten wohl ebenso wenig zueinander wie die allzu stattliche, nicht gerade anmutig wirkende äußere Gestalt Sabinas in die für Schönheit empfängliche Traumwelt eines jungen Mannes.
Ulrich löste sich bald auch aus dem politischen System Maximilians. Auch sein Verhalten im Ehezwist mit Sabina brüskierte den Kaiser. Die Zerrüttung war so groß und die Streitigkeiten hatten ein so hohes Ausmaß angenommen, dass Sabina, bei offener Bedrohung ihres Lebens nicht mehr sicher, 1515 in ihr Elternhaus nach Bayern zurück floh. Damit hatte Ulrich das mächtige Bayern zum Gegner. Und er machte sich gleich noch eine weitere einflussreiche Familie und mit ihr die gesamte Ritterschaft zum Feind. Seine ausweglose Liebe zur Tochter seines Hofmarschalls und Ehefrau seines Freundes, des Stallmeisters Hans von Hutten, zu Ursula Thumb von Neuburg, hatte ihn offensichtlich so rasend gemacht, dass er den

Drei Hauptverantwortliche wurden sofort vor aller Augen enthauptet; am folgenden Tag wurden sechs weitere Todesurteile verkündet und sogleich vollstreckt. Der Kopf eines gewissen Dauteljakob wurde zur Abschreckung bis zu seiner Verwesung auf den mittleren Schorndorfer Stadtturm gespießt. Einige für schuldig erklärte Aufständische wurden des Landes verwiesen, viele erhielten andere schwere Strafen. So wurde zum Beispiel einem das Haus bis auf die Grundmauern zerstört. Auch in Stuttgart wurden zwei Tage später Todesstrafen und Landesverweise verhängt. Im Laufe der nächsten Wochen ermittelte die Obrigkeit im ganzen Land Beteiligte des Aufstands, erpresste unter Folterqualen und strafte grausam ab. Die meisten Führungspersönlichkeiten waren allerdings geflohen, viele davon in die eidgenössische Schweiz. In Abwesenheit war auch über sie das Todesurteil gesprochen worden. Alle Bestraften hinterließen unversorgte Frauen, Kinder oder alte Eltern.

Dass mit der Niederschlagung des Aufstands der eigentliche Konflikt und die Ursachen des Aufruhrs nicht beseitigt waren, sollte zehn Jahre später der große Bauernkrieg zeigen, der das ganze damalige Deutsche Reich überzog.

Herzog Ulrich ermordet seinen Freund Hans von Hutten

ahnungslosen Hans von Hutten bei einem Jagdausflug 1515 erstach. Die Empörung über den eifersüchtigen Herzog als Mörder seines Freundes war in allen Bevölkerungskreisen groß. Der berühmte Dichter Ulrich von Hutten sorgte mit spitzer Feder für die schnelle Verbreitung der Ungeheuerlichkeit in allen Landen. Der Kaiser sprach 1516 erstmals die Reichsacht über Ulrich aus und suchte gleichzeitig seinen Einfluss auf Württemberg mithilfe der Landstände zu wahren. Dies veranlasste den jähzornigen Ulrich zu einer weiteren Maßlosigkeit. Er ließ die populären Räte Konrad und Sebastian Breuning, den Cannstatter Vogt Vaut, den Stuttgarter Bürgermeister Stickel und noch andere langjährige treue Landesdiener und führende Vertreter aus der Ehrbarkeit festnehmen, foltern und grausam hinrichten. Einzig dem Kanzler Lamparter gelang noch rechtzeitig die Flucht zu Kaiser Maximilian. Bevor dieser jedoch weitere Schritte gegen Ulrich unternehmen konnte, starb Maximilian im Januar 1519.

Undiplomatisches Streben nach Eigenständigkeit

Die Rechnung des Kaisers, Württemberg mit dem jungen Herzog an Österreich zu binden, hatte der misstrauische Ulrich durchkreuzt. Doch er war in seinem Streben nach Eigenständigkeit für sein Württemberg nicht diplomatisch genug gewesen und hatte sich an Stelle von Verbündeten durch seine Ziellosigkeit zu viele Feinde geschaffen. Als er, maßlos geworden, den vorübergehenden Wegfall der kaiserlichen Autorität nutzte und die freie Reichsstadt Reutlingen überfiel – zum Anlass nahm er den am württember-

Gerädert und gevierteilt –

Joerg Ratgeb und der Herrenberger Altar

Joerg Ratgeb, der Schöpfer des berühmten Herrenberger Altars, geriet 1525 in den Sog der Ereignisse des Bauernkriegs in Deutschland. Beim Versuch Herzog Ulrichs, sein Land mithilfe der aufständischen Bauern aus den Händen der habsburgisch-österreichischen Besatzungsmacht wieder zurückzuerobern, stand Ratgeb auf der Seite des Herzogs.

Joerg Ratgeb gilt als einer der großen Künstler des 16. Jahrhunderts und gehörte als Zeitgenosse der Malergeneration von Albrecht Dürer oder Grünewald alias Mathis Neithard an. Um 1470/75 wurde er in Schwäbisch Gmünd geboren. Sein Vater Jacob bewirtschaftete in württembergischen Diensten einen Meierhof bei Herrenberg.

Joerg Ratgeb zog mit seiner Werkstatt meist dorthin, wo er seine Auftraggeber wusste. So lebte er in Herrenberg, Stuttgart, Frankfurt und Heilbronn. Den Herrenberger Altar schuf er in den Jahren 1518/19.

Aus seiner Heilbronner Zeit lassen sich Schwierigkeiten mit der Obrigkeit erahnen, die mit der Erlangung oder Bewahrung seines Meistertitels zusammenhängen. Im Namenszeichen JMR auf seinen Kunstwerken ist das „M" für Meister durchgestrichen. Möglicherweise wurde ihm in Heilbronn der Meistertitel oder auch das Bürgerrecht verweigert, weil er nicht mit einer freien Frau, sondern mit seiner Leibeigenen verheiratet war.

Dass er infolge dieser Demütigung einerseits, infolge seiner Nähe zum einfachen Volk durch seine Frau andererseits in den Bauernaufständen auf der Seite der Armen und Rechtlosen, der Bauern und Tagelöhner stand und vielleicht wie diese ohnmächtigen Hass gegenüber den Mächtigen empfand, ist leicht nachvollziehbar.

Seinen 1518/19 geschaffenen vierflügeligen Altar für die Herrenberger Kirche gestaltete Ratgeb mit unübersehbaren politischen

Anspielungen, und man kann sich unschwer vorstellen, welchen Eindruck dieses Kunstwerk in der Kirche auf die gedemütigten Bauern machte. Waren doch die feisten Peiniger des gequälten Christus am Pfahl, die den Leidenden mit unverhohlener Freude geißelten, eindeutig als Knechte der Obrigkeit aus dem 16. Jahrhundert zu erkennen, gekleidet und bewaffnet wie zur Gegenwart Ratgebs. Auch der Fürst in kostbarem Pelz und mit reich verziertem Hut wirkte nicht wie ein Fürst vergangener Zeiten, sondern recht gegenwärtig für die Bauern.

Mag Ratgeb, der während der Bauernkriegsjahre von 1522-25 seine Werkstatt in der Hauptstadt Stuttgart hatte, auch nicht zu den aktiven und militanten Aufrührern des Bauernkrieges gezählt haben, sympathisiert hat er allemal mit dem gemeinen Mann.

Unter den unerfahrenen und ungebildeten Bauern gerieten die wenigen Gebildeten unwillkürlich in Führungspositionen, und so mochte der Künstler Ratgeb wenn nicht gerade zum Anführer, so doch zum einflussreichen Ratgeber und Sprecher eines Bauernhaufens geworden sein. Eine führende Rolle Ratgebs im Bauernaufstand ist umstritten, doch er war auf jeden Fall dabei, als sich wie andernorts auch ein Bauernzug von Degerloch nach Böblingen aufmachte, wo es am 12. Mai 1525 zu der entscheidenden Schlacht zwischen den 15.000 Aufständischen und den 7500 Landsknechten der Fürsten und des Schwäbischen Bundes kam. Das kriegserprobte Fürstenheer unter der Führung von Truchsess Georg von Waldburg schlug den kriegerisch völlig unerfahrenen Bauernhaufen vernichtend. Noch nach der Schlacht verloren allein auf der Flucht vor den Verfolgern 2000 Bauern ihr Leben, und die gründlichen Strafaktionen nach der Niederwerfung der Bauern brachten noch viele Monate danach Verwüstung, Tod und Elend in die Familien der Aufständischen. Ihre Anführer, von denen sich nur wenige durch Flucht vor allem in die Schweiz retten konnten, wurden grausam gefoltert und in furchtbaren Schauprozessen hingerichtet.

So wohl auch Joerg Ratgeb, dessen Gefangennahme und Prozess in Pforzheim verbürgt ist. Obwohl er nicht in der Liste der Opfer verzeichnet ist, gilt es als nahezu sicher, dass er einen qualvollen Tod fand und wie zahlreiche seiner Leidensgenossen gerädert und gevierteilt wurde.

Ulrich überfällt die freie Reichsstadt Reutlingen – die Stammburg Württemberg wird zerstört

gischen Vogt auf der Achalm verübten Totschlag – zeigte sich, dass der Schwäbische Bund auch über den Tod des Kaisers hinaus funktionierte. Zusammen mit Bayern rüstete dieser zum Gegenangriff. Das Stammschloss der Württemberger auf dem Rotenberg über dem Neckartal wurde zerstört, Städte und Ämter entwaffnet.

Da Ulrich törichterweise erklärte, der Tübinger Vertrag von 1514 sei ungültig, da die Städte dem Eroberer gehuldigt und somit ihrem Herzog die Treue gebrochen hätten, brachte er die eigenen Landstände mit der wichtigen städtischen Ehrbarkeit vollends gegen sich auf und verlor jeglichen Rückhalt im eigenen Land. Der siegreiche Schwäbische Bund lieferte das Herzogtum 1520 an den neuen Kaiser Karl V. aus, der nun ein Regiment mit Statthalter und Räten bestimmte, das von den württembergischen Landständen akzeptiert wurde, zumal er diesen ihre eigene Finanzverwaltung überließ.

Das Haus Habsburg regiert in Württemberg

Bayern hatte sich zweifellos erhofft, mithilfe Herzogin Sabinas als Vormundschaft über den jungen württembergischen Erben Christoph Württemberg regieren zu können. Doch der Kaiser nutzte die Situation zu Gunsten seiner eigenen Machterweiterung in Süddeutschland. 1520 übernahm der junge kaiserliche Bruder Ferdinand die Herrschaft und zog in Stuttgart ein, wo er mit einer gründlichen Reorganisation und Modernisierung der Landesverwaltung nach österreichischem Vorbild begann. Er stabilisierte zwar zunächst die Finanzen, zeigte als neuer Herrscher jedoch auf Dauer in seiner Unerfahrenheit zu viele Schwächen, um in Württemberg tatsächlich als neuer Landesherr akzeptiert zu werden.

Der Herzog auf der Flucht

Der Herzog floh derweil in die Schweiz, wo ihm Basel und Luzern Bürgerrecht gewährten. Von 1520 bis 1526 bot ihm seine linksrheinisch gelegene Grafschaft Mömpelgard sicheren Schutz. Von dort näherte er sich klug dem Gegner des Habsburgerkaisers, dem französischen König Franz I.

Als sich 1525 in weiten Gebieten die Bauern erhoben, nutzte der alte Kämpfer Ulrich, der erstaunlicherweise trotz des langen Exils sein Württemberg nicht aufgegeben hatte, die aufgebrachte Stimmung in Württemberg zu einem Versuch, sich von seiner Festung Hohentwiel aus mithilfe der Bauern sein Land wieder zurück zu holen. Das gemeine Volk, das von der neuen österreichischen Herrschaft an der Seite der den Bauern seit dem Aufstand des Armen Konrad verhassten bürgerlichen Ehrbarkeit ohnehin nicht überzeugt war, hatte ihm die ganzen Jahre in fast rührender Anhänglichkeit die Treue gehalten. Die Hirschhörner des württembergischen Wappens wurden unter der österreichischen Fremdherrschaft zum geheimen Zeichen der dem Herzog treu Gebliebenen, eingeritzt in Kieselsteine, gemalt auf Häuserwänden oder als Hirschgeweih in Wassergräben und Weiher gestellt, um im Winter das Einfrieren des Wassers zu verhindern. Zeichen passiven Widerstands war

auch vielerorts die bloße Verhüllung des herzoglichen Wappens in den Amtsstädten anstatt der befohlenen Zerstörung.
Manche sagenhafte Spekulation um die Wiederkehr des Herzogs und die Vertreibung der Österreicher beflügelte die Fantasie des einfachen Volkes. Noch Generationen später erzählte man sich rührende Geschichten von einfachen Leuten, die ihrem Herzog treu blieben, wie etwa die von einem Pfeifer, der den geflohenen Ulrich bei sich aufgenommen und ihm sichere Verstecke wie das der Nebelhöhle auf der Schwäbischen Alb gezeigt habe. Der Dichter Wilhelm Hauff hat diese Geschichte in seinem historischen Roman „Lichtenstein" verarbeitet. Auch in Herrenberg ging die Geschichte von acht Brüdern um, die ihren Hund so dressiert haben sollen, dass er beim Namen des Kaisers, des Schwäbischen Bundes oder Dietrich Späths, der Herzogin Sabina damals zur Flucht verholfen und so zur Bloßstellung Ulrichs beigetragen hatte, stocksteif und stur stehen blieb, sogar den Kopf schüttelte. Auf den Zuruf Ulrich jedoch vollführte er die tollsten Kunststücke und sprang über Stangen und durch Reifen.

Die Württemberger stehen dennoch zu ihrem Herzog

„Utz Bur", „Bauer" Ulrich kam im Februar 1525 mit seinem Bauernhaufen zwar erfolgreich bis vor die Tore Stuttgarts, doch eine wirkliche Rückeroberung gelang ihm nicht. Mit der zunehmend offenkundiger werdenden Schwäche der Bauern im Aufstand zog sich der schlaue Ulrich schnell wieder von den Schwächeren zurück.

Rückeroberung und neuer Glaube

Ulrichs mächtiger Verbündeter war neben dem französischen König, der ihn zur Schwächung der Habsburger unterstützte, Landgraf Philipp von Hessen, der wohl agilste Kopf unter den damaligen evangelischen Landesfürsten. Er gilt als Initiator des „Schmalkaldischen Bundes", eines Zusammenschlusses der protestantischen Fürsten im Reich.

Ulrich beschäftigt sich im Exil mit reformatorischem Gedankengut

Ulrich hatte sich in den Jahren seines Exils intensiv mit dem Gedankengut der Reformation auseinander gesetzt, hatte an wichtigen Diskussionen wie dem Marburger Religionsgespräch teilgenommen, wo die beiden protestantischen Lager von Luther und Zwingli aufeinander trafen, und stand mit führenden protestantischen Reformatoren und Theologen in Kontakt. So zum Beispiel auch mit dem aus Weinsberg stammenden Basler Reformator Johannes Oekolampad. Dieser war gewillt, im Falle einer Rückeroberung Württembergs im Land die Reformation einzuführen.
So musste ein günstiger Augenblick abgewartet werden, der 1534 gekommen zu sein schien, als der Schwäbische Bund u.a. an konfessionellen Problemen zerbrochen war und der österreichische Kaiser politisch und militärisch in Spanien und gleichzeitig gegen die drohende Türkengefahr im Südosten gebunden war. Man rüstete zum Krieg. Mit französischem Geld wurden Landsknechte angeworben und Lebensmittel zur Truppenversorgung angeschafft,

Der „Lichtenstein"
von Wilhelm Hauff

Viele Legenden ranken sich um die Gestalt des württembergischen Herzogs Ulrich. Furcht und Schrecken, aber auch Verehrung und Bewunderung hatte dieser Herrscher in allen Schichten der Bevölkerung hervorgerufen, und wie kaum ein anderer ist er noch heute im Bewusstsein der Württemberger lebendig.

Man kennt den „Ulrichstein" bei Hardt, wo sich Ulrich während der Zeit seiner Verfolgung mit dem treuen Pfeifer von Hardt getroffen haben soll, die Nebelhöhle auf der Schwäbischen Alb, in der er sich versteckt gehalten und sich mit ihm ergebenen Gegnern der in Württemberg damals herrschenden Habsburger besprochen haben soll, und nicht zuletzt Burg Lichtenstein.

Diese allerdings gab es zu Ulrichs Zeiten noch nicht. Es dürfte wohl eine einmalige Besonderheit sein, dass eine Burg nach dem Roman eines Dichters errichtet wurde. So geschehen im Fall Lichtenstein.

Wilhelm Hauff hatte im Jahr 1826 den historischen Roman „Lichtenstein" um die Gestalt des Herzogs Ulrich veröffentlicht und großen Erfolg damit erzielt. Gut zehn Jahre nach dem Tod des früh verstorbenen populären Dichters erwarb 1838 der historisch interessierte Neffe des württembergischen Königs Friedrich I., Graf Wilhelm, die dem Hause Württemberg gehörenden Staatsgüter Lichtenstein samt dem verfallenen kleinen Schlösschen, um die Burg getreu nach der Romanvorlage neu erbauen zu lassen. Lichtenstein wurde bald zu einem der beliebtesten Ausflugsziele im Land und der Sagenstoff wurde zu Opern, Schauspielen und Gedichten umgeformt. Ja, es wurden sogar Festzüge mit „lebenden Bildern" veranstaltet und man konnte Lichtenstein als Puzzle, Kartenspiel, Spielburg und Modellierbogen bekommen.

Der Hauffsche Roman beleuchtet die Zeit um 1519, als Herzog Ulrich in der Auseinandersetzung mit dem Schwäbischen Bund aus seinem eigenen Land fliehen musste, im Roman versorgt vom Ritter von Lichtenstein und dessen Tochter Marie, in deren Burg sich der Verfolgte nachts von seinem Versteck heraus wagte. Eine Liebesgeschichte um Marie und den Junker Georg von Sturmfeder ist in die Geschichte eingebaut, die mit der Hochzeit der beiden nach der vorübergehenden Rückeroberung Stuttgarts durch Ulrich endet. Gezeigt wird dabei die Entwicklung des jungen Sturmfeder vom anfänglichen Gegner des Herzogs zu einem glühenden Verehrer der eindrucksvollen Persönlichkeit Ulrichs.

„Lichtenstein" ist ein Bestseller geworden und so geschrieben, dass es bis heute schwierig ist das darin gezeigte Bild des Herzogs und seiner Zeit von den tatsächlichen historischen Gegebenheiten zu trennen.

Epochenjahr 1534: Rückeroberung des von den Habsburgern besetzten Landes und Einführung der Reformation

zum Beispiel 300 Ochsen aus Dänemark gekauft. Im Mai 1534 marschierten Ulrich und Philipp von Hessen mit weiteren Bündnispartnern und der versorgungstechnischen Hilfestellung der evangelischen Reichsstädte wie Straßburg, Esslingen und Heilbronn mit einem Heer in Württemberg ein. Eine Kampftruppe von 2000 Mann und 4000 Berittenen, voran 6000 Bauern mit Munitionswagen und Proviant. Sie waren mit damals modernstem Kriegsgerät gerüstet. So setzten sie beispielsweise zum ersten Mal Pontons zur Überquerung von Flüssen ein. In der Schlacht bei Lauffen am Neckar errangen sie den Sieg über die Österreicher und deren Verbündete.

Die habsburgische Regierung, ohne Rückhalt in der Bevölkerung, brach wie ein Kartenhaus zusammen. Die Württemberger huldigten ihrem neuen, alten Herzog, jedoch nicht ohne ihm das Versprechen abzunehmen, die alten Freiheiten und den Tübinger Vertrag von nun an immer zu respektieren – die Freude im Land war allgemein groß, ebenso die Hoffnung, der Herzog werde nun den protestantischen Glauben einführen. Vergessen schienen die vielen Gewalttätigkeiten des Herzogs von früher.

1534 wurde somit ein Epochenjahr der württembergischen Geschichte, und Herzog Ulrich der „ungeliebte Vater" der württembergischen Landeskirche.

Ein lebenserfahrener, geläuterter Herzog ging nun an die Neugestaltung seiner Herrschaft in Württemberg.

Bei der Durchführung der Reformation ging Ulrich mit aller Härte gegen Anhänger des alten Glaubens vor, nicht in kleinlicher Rachsucht wie früher, sondern mit einem konsequenten autokratischen Gestaltungswillen.

Der Protestantismus in Württemberg verdankte somit durch Ulrichs engagiertes Handeln seine Existenz einer Reformation von oben.

Ziel Ulrichs und seines Verbündeten Philipp von Hessen war es, Württemberg zum vermittelnden Element der Versöhnung zwischen der schweizerisch-zwinglianischen und der niederdeutsch-lutherischen Reformation zu machen.

Blarer, Schnepf und Brenz führen im Auftrag des Herzogs die Reformation durch

Zunächst holte sich Herzog Ulrich tatsächlich mit dem Konstanzer Patriziersohn und einstigen Hirsauer Mönch Ambrosius Blarer einen Verfechter der oberdeutschen Reformation ins Land. Dazu mit dem in Heilbronn und im Kraichgau tätigen Lutheraner Eberhard Schnepf aus Marburg einen dem hessischen Landgrafen und der Melanchthon-Schule verpflichteten Mann, der dem Schwäbisch Haller Reformator Johannes Brenz verbunden war. Brenz hatte schon seit 1524 gegen die Schweizer die Wittenbergische Reformation á la Luther hoch gehalten und sollte letztlich den Sieg des orthodoxen Luthertums für Württemberg davontragen. Dennoch war die Neuorganisation der württembergischen Kirche eine Art Gemeinschaftsprodukt. Auf Blarer ging die Universitäts- und Klosterordnung, auf Schnepf die Kirchen-, Güter- und Eheordnung zurück, der eindeutig lutherische

Katechismus stammte von Brenz. Ergänzt wurde dieses erstaunlich schnell erstellte System neuer Ordnungen von Ulrichs Landesordnung von 1536.

Durchgesetzt wurde die Reformation mithilfe der Visitation, eines Instrumentes der regelmäßigen Überprüfung des Glaubensstandes der Pfarrer in den einzelnen Gemeinden durch eine von der Kirchenleitung, damit auch vom Herzog als oberstem Kirchenherrn eingesetzte Kommission.

Erster evangelischer Gottesdienst in der Stuttgarter Stiftskirche

Am 16. Mai 1534 war in Stuttgart der erste evangelische Gottesdienst abgehalten worden, am 3. Januar 1535 die letzte katholische Messe. Altgläubige, die nicht zum neuen Glauben übertreten wollten oder gar den alten weiterhin verkündeten, wurden entlassen und durch Anhänger der Reformation ersetzt. Parallel dazu verlief eine grundlegende Universitätsreform, ohne die keine neuen Pfarrer hätten etabliert werden können und an der Johannes Brenz wesentlichen Anteil hatte. Ein Stipendium für künftige Pfarrer wurde organisiert und damit die Keimzelle für das berühmte evangelische Stift in Tübingen als Ausbildungsstätte württembergischer evangelischer Theologen geschaffen.

Ganz ohne Widerstand verlief die Reformation gewiss nicht. Vor allem aus den Reihen der Klöster, der Nonnen und Mönche formierte sich Protest. Über die Hälfte der Kleriker war nicht bereit, sich der Reformation anzuschließen. Auch ein Großteil des Adels im Land, der über Jahrhunderte hinweg zahlreiche Töchter und Söhne in den Klöstern des Landes untergebracht hatte und versorgt wusste, zeigte sich nicht einverstanden und verließ Württemberg.

Eingliederung des Kirchenvermögens in das herzogliche Kammergut

Der Herzog zog das gesamte Kirchengut zunächst in sein Kammergut ein. Davon nahm er zwar einiges für die neue Pfarrerbesoldung, die Schulförderung und die Armenkassen, also für Bereiche, die seither von der Kirche versorgt worden waren. Dennoch blieb ein „G'schmäckle", denn eine günstige finanzielle Bereicherung des Herzogs mit dem eingezogenen Kirchenvermögen ließ sich nicht leugnen. Neben der Schuldentilgung dienten diese Mittel auch dem Ausbau der Landesfestungen – wie zum Beispiel des Hohentwiel – zu modernen Fortifikationen.
Insgesamt hatte Herzog Ulrich mit der Einführung des Protestantismus und der Verdrängung des Katholizismus schnell, konsequent und kompromisslos gehandelt.

Das Interim – der katholische Habsburgerkaiser greift ein

Einmal noch geriet sein Werk in Gefahr, als der Habsburgerkaiser Karl V. 1548, auf dem Höhepunkt seiner Macht in Europa, mit der Einführung eines so genannten „Interims" die Rückführung der Protestanten zur alten katholischen Kirche einzuleiten versuchte. Die katholische Messe musste auf kaiserliche Anordnung hin wieder zugelassen werden und fast 400 protestantische Pfarrer verloren damals in Württemberg ihre Pfarrstellen. Der Reformator Johannes Brenz musste fliehen und wurde von Ulrich versteckt. Die ausge-

wiesenen Mönche und Nonnen begannen, wieder in ihre Klöster zurückzukehren.
Doch der evangelische Glaube hatte sich bis zum Tode Ulrichs im Jahr 1550 in der Bevölkerung inzwischen so weit gefestigt, dass ein wirkliches Zurück zum Katholizismus im Sinne des Kaisers nicht mehr möglich war.
Die Reformation konsequent bis in alle Einzelheiten durchzuführen, sollte seinem klugen, diplomatisch begabten Sohn Christoph vorbehalten bleiben. Ulrich begründete die evangelische Kirchenreform in Württemberg, Christoph vollendete sie.

Herzog Ulrich in seiner kantigen, oft gewalttätigen Art war gewiss kein liebenswerter, aber einer der bedeutendsten Landesherren, der Württembergs Position behauptete, stärkte und festigte.

Götz von Berlichingen, der Ritter mit der eisernen Hand

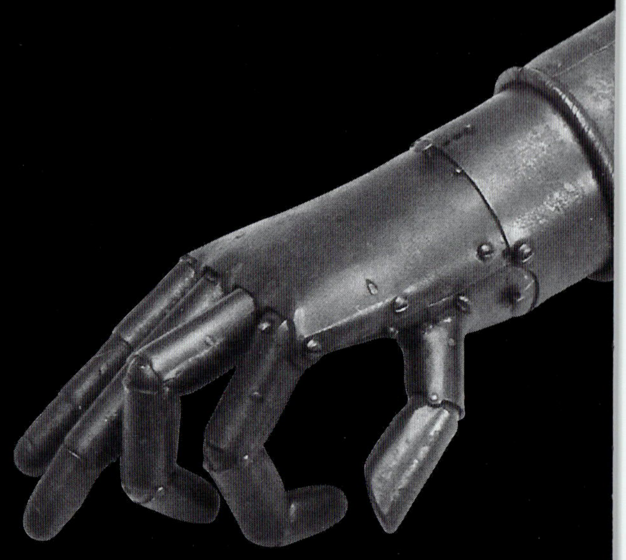

Götz von Berlichingen, als historisch-literarische Gestalt durch Goethes gleichnamiges Sturm-und-Drang-Drama weltbekannt geworden, entstammt einem reichsritterlichen fränkischen Geschlecht und wurde 1480 auf der Stammburg seiner Familie in Jagsthausen in Hohenlohe geboren. Seine berühmte „eiserne Hand" ließ er sich von einem Waffenschmid anfertigen, nachdem er 1504 im bayerischen Erbfolgekrieg seine schwerttragende rechte Hand verloren hatte. Die Prothese ist ein technisches Meisterwerk und faszinierte nicht nur seine Zeitgenossen, sondern bis ins 20. Jahrhundert hinein sogar viele Ärzte. So diente sie dem großen Chirurgen Ferdinand Sauerbruch im Ersten Weltkrieg als Vorbild für Handprothesen Kriegsverwundeter.

Der Reichsritter Götz von Berlichingen wurde in die kriegerischen Auseinandersetzungen der Bauern gegen ihre Herren im Jahr 1525 hineingezwungen. Den beim einfachen Volk als furchtloser Kämpfer und streitbarer Geist gschätzten Ritter erkoren sich die als der „helle lichte Haufen" bekannten Hohenloher und Odenwälder aufständischen Bauern zu ihrem Feldhauptmann. Sie hatten den anfangs zögernden, jedoch kriegserfahrenen und freiheitsliebenden Ritter, der damals mit Frau und Kindern auf der Burg Hornberg lebte, die unweit vom Heilbronner Lager der Aufständischen lag, mehr oder weniger in ihren Bund gezwungen. Er unterstützte die Bauern, zog mit ihnen und ordnete – während der „Haufen" sich gegen Würzburg wendete – gewalttätige Aktionen wie die vollständige Zerstörung des Deutschordensschlosses Horneck an. Andererseits gelang es ihm auch immer wieder, grausame Willkürakte des zu allem bereiten wütenden Bauernhaufens zu unterbinden. Seine Haltung zum Bauernkrieg wir wohl immer umstritten bleiben.

Am Ende des Bauernaufstandes kam Götz von Berlichingen mit der Urfehde davon und musste sich zu lebenslangem politischen Stillhalten verpflichten.

Seinen Lebensabend verbrachte der zeitweilige Bauernführer als adliger Grundherr auf seiner Burg Hornberg, wo er 1562 im hohen Alter von 82 Jahren starb. „Allhie wartet auf eine fröhliche Auferstehung Götz von Berlichingen", so steht auf seinem Grabmahl im Kloster Schöntal geschrieben.

Scholaren statt Mönche – vom katholischen Kloster zur protestantischen Lateinschule

Die Klosterordnung von 1556: Einführung protestantischer Klosterschulen

Eine der folgenreichsten Neuerungen unter Herzog Christoph war die Klosterordnung von 1556. Die 14 württembergischen Mönchsklöster wurden in protestantische Klosterschulen unter der Leitung eines evangelischen Abtes umgewandelt, in denen begabte 14- bis 18-jährige Knaben auf das Studium der evangelischen Theologie im Tübinger Stift vorbereitet werden sollten.

Wenngleich die Zahl dieser Internate mit der Zeit auf vier reduziert wurde, übten sie viele Jahrhunderte lang einen immensen Einfluss auf die Gesellschaft und das Geistesleben in Württemberg aus.

Berühmte Männer wie der Astronom Johannes Kepler, die Dichter Friedrich Hölderlin, Eduard Mörike oder Hermann Kurz, der Philosoph Friedrich Theodor Vischer und der Theologe David Friedrich Strauß, der Arzt und Dichter Justinus Kerner oder der Goethe-Freund und Botschafter Frankreichs Karl Friedrich Reinhard haben wie auch viele Pfarrer, Lehrer und höhere Beamte Württembergs ihre entscheidende Jugend- und Schulzeit in den klösterlichen Seminargemeinschaften verbracht, die ihnen ein über Jahrhunderte gültiges Bildungsideal vermittelten. Die von Anfang an auf altsprachlichen Unterricht gründende Ausbildung bei streng geregelter klösterlicher Lebensweise mag vielleicht in vielem einseitig und starr geprägt erscheinen, doch sie ermöglichte ein unge-

Der kluge Diplomat – Herzog Christoph investiert in sein Volk

Herzog Christoph übernimmt die Regierung und führt das Land aus seiner tiefen Krise

Als ein Fremder kam Herzog Christoph nach dem Tod seines Vaters ins eigene Land. Obwohl der bereits 35-jährige der einzige Sohn des regierenden Herzogs war, wurde er beharrlich vom Herzogtum Württemberg fern gehalten, und nun musste er es in einer tiefen Krise steckend übernehmen. Das Land war völlig überschuldet, die Reformation bedroht, sogar seine Selbstständigkeit in Gefahr. Ein fast aussichtsloses Unterfangen für Christoph, auch nur einigermaßen Ordnung im zerrütteten, verunsicherten Würtemberg zu schaffen. Umso erstaunlicher, wie umsichtig, klug und überlegen er die Probleme nacheinander in Angriff nahm und mit welcher Energie und Schnelligkeit es ihm gelang, sein Land nicht nur wieder zu stabilisieren, sondern einen starken und zukunftsfähigen Staat der Neuzeit aus ihm zu machen.

Der auffallend begabte, aber wohl auch außerordentlich umgängliche Christoph hatte zum Zeitpunkt seiner Regierungsübernahme im Jahr 1550 schon reiche Erfahrungen an verschiedenen Höfen Europas gemacht. Nicht nur gute. Nur wenige Tage vor seiner Geburt am 12. Mai 1515 im Schloss Urach hatte sein Vater Ulrich in eifer-

Das
Brunnenhaus
im Kreuzgang
des Klosters
Maulbronn.

wöhnlich hohes Bildungsniveau. Dass bereits im 16. Jahrhundert auch arme Kinder aus den niederen Bevölkerungsschichten in solche weiterführende Schulen aufgenommen wurden und alle Schüler mit einem Stipendium für Kleidung, Unterkunft und Verpflegung sowie den Unterricht und die dafür nötigen Schulmaterialien ausgestattet wurden, verdient besondere Erwähnung. Einziges Kriterium für die Aufnahme war die intellektuelle Leistung der Schüler.

Johannes Kepler bekannte als erwachsener Mann: „1586 habe ich Hartes erduldet, und wäre vor Sorge fast verzehrt worden."

Hermann Hesse

Hermann Hesse, der einst der strengen Zucht Maulbronns durch spektakuläre Flucht aus dem Seminar zu entkommen suchte, hat Freud und Leid seiner Schulzeit in Maulbronn 1906 in der Erzählung „Unterm Rad" beschrieben. In seinem Roman „Narziss und Goldmund" schrieb er 1930: „In den Zellen und Sälen des Klosters, zwischen den runden schweren Fensterbogen und strammen Doppelsäulen aus rotem Stein wurde gelebt, gelehrt, studiert, verwaltet, regiert, vielerlei Kunst und Wissenschaft getrieben." Im „Glasperlenspiel" 1943 erschien Maulbronn als Provinz Kastilien wie ein Hort der Harmonie und des reinen Geistes.

Sämtliche Details über die Klosterschulen, von den Bildungszielen und Lehrinhalten bis zu Disziplinar-, Ernährungs- und Kleiderfragen, sind in der „Großen Württembergischen Kirchenordnung" von 1559 im Kapitel über die Klosterschulen enthalten. Danach mussten sich die Klosterschüler nicht nur zu Gehorsam verpflichten – „sich im Kloster still, beschei-

süchtiger Wut seinen eigenen Vertrauten Hans von Hutten getötet und war zum Mörder geworden. Bald darauf sollte er aus Württemberg vertrieben werden. Seine Mutter Sabina von Bayern floh in ihr Elternhaus zurück und ließ den neugeborenen Christoph und die zwei Jahre ältere Schwester Anna im Stich. Die Kinder blieben gleichsam als Waisen zurück. Man brachte sie auf die Festung Hohentübingen, wo sie den Feinden ihres Vaters in die Hände fielen.

Kindheit am habsburgischen Kaiserhof

Knapp fünfjährig wurde er nach Innsbruck an den habsburgischen Hof geholt. Die Begebenheit auf dem Weg dorthin, als sich der Kleine mit einem Lämmchen angefreundet hatte, das er nicht behalten durfte und es einem Bauern gegeben habe mit der Bitte, es gut zu füttern, bis er wieder komme und es ihm bezahlen werde, kommentierte der Chronist so:

„O du unschuldigs jungs Blut."

Die Zeit am kaiserlichen Hof sollte zu einer sicherlich nicht glücklichen Jugend, jedoch zu einer guten Schule für den aufgeweckten Jungen werden. Die Wahl seines Lehrers und Erziehers, des im pädagogischen, wissenschaftlichen und menschlichen Sinne hervorragenden Michael Tiffernus, selbst in der Kindheit ein von den Türken verschleppter Flüchtling, erwies sich geradezu als segensreich für Christoph. Tiffernus wurde ihm zum treuen Freund und diente ihm später in Württemberg als unbestechlicher Rat in den Jahren der schwierigen Regierungsübernahme.

Christoph nutzte die Jahre im Gefolge des

den, ehrbar und christlich halten" – sondern auch zum Eintritt in den württembergischen Schul- oder Pfarrdienst.
Den Äbten, nun evangelische Theologen, oblag die Leitung der Schulen und zusammen mit dem Klosteramtmann die Verwaltung und die Finanzen des ehemaligen Klosterbesitzes. Sie hatten Sitz und Stimme im württembergischen Landtag!

Das Leben in den Klosterschulen

Nicht nur im Gottesdienst, sondern auch im Unterricht, ja sogar in privaten Gesprächen mussten die Kinder lateinisch reden. Zur Gedächtnisschulung musste ungeheuer viel auswendig gelernt werden. Auch die beliebten Theateraufführungen der Schüler waren lateinisch.
Der Tagesablauf war durch Mahlzeiten und Andachten gegliedert. Die Morgenandacht begann im Sommer um 4 Uhr, im Winter gnädigerweise erst um 5 Uhr. Von 6-7 und 8-9 Uhr war Unterricht, 9-10 Uhr Chorandacht und Religionsunterricht, um 10 Uhr gab es Mittagessen (!) und anschließend Musikübungen. Von 12-14 und von 15-16 Uhr wiederum Unterricht, um 16 Uhr Vesperhore, also eine Andacht; das Abendessen war auf 17 Uhr angesetzt. Noch nicht genug: Um 21 Uhr stand noch einmal Abendandacht auf dem Stundenplan. Sonntags wurde gegessen und Andacht gehalten wie werktags, vormittags durch die Predigt ersetzt, und nachmittags erhielten die Kinder Katechismusunterricht. Die „freie Zeit" sollte zur Anfertigung der Hausarbeiten genutzt werden.
Man kann sich leicht vorstellen, dass die Knaben viel Phantasie auf Möglichkeiten verwandt haben, sich aus dieser strengen Zucht Freiräume zu schaffen, und dass viele dieser

Kaisers als Chance zum Einblick in die Machtzentrale des Reiches. Sie boten ihm die Möglichkeit, sich unter einem weiten Horizont zu bilden und weltmännischen Schliff zu erlangen. Er reiste viel, auch nach Aachen zur Kaiserkrönung Ferdinands 1531, zum Reichstag nach Regensburg 1532 oder nach Wien. Ein ganzes Jahr lang blieb er in den Niederlanden, und als sich Jahre später die Niederlande in ihrem Freiheitswillen gegen die Spanier erhoben, leistete er wertvolle diplomatische Dienste, verbanden ihn doch aus seiner Jugendzeit mit dem Prinzen von Oranien und dem Grafen Egmont freundschaftliche Gefühle.

Ausgedehnte Reisen in der Jugendzeit

Doch es war ihm in seiner Habsburger Zeit wohl bewusst, dass er im Grunde ein Gefangener war, und als Kaiser Ferdinand ihn auf seinem Zug nach Spanien mitnehmen wollte, fürchtete er – sicherlich nicht zu Unrecht und offensichtlich auf Grund einer Warnung – dort hinter Klostermauern kaltgestellt zu werden. Zusammen mit seinem väterlichen Freund entfernte er sich heimlich auf der Reise schon in den Kärntner Alpen und floh, verfolgt im Auftrag des Kaisers von Dietrich Späth, dem Fluchthelfer seiner Mutter, über Salzburg nach Bayern. Er war damals 17 Jahre alt!

Flucht nach Bayern

Zwei Jahre später hatte sein Vater Württemberg in der Schlacht von Lauffen 1534 zurückerobert und Christoph ging zu ihm nach Württemberg. Nach 19-jähriger Trennung begegneten sich Vater und Sohn, die sich eigentlich gar nicht kannten. Doch der misstrauische Ulrich verdächtigte die

Kinder unter großem Heimweh gelitten haben.

Die Ernährung der Klosterschüler

Dass sie in vielen Fällen bessere Nahrung bekamen als zu Hause, mag ein schwacher Trost gewesen sein. So gab es etwa am Sonntagmorgen „1. Rinderin voressen, 2. Suppen, 3. Flaisch uff den obbern tisch vier, unnd uff den undern Tisch drei stückh, ... jede flaischmahlzeitt 6 Pfundt, 4. Rieben oder kraut." Abends standen „Suppen, Flaisch ..., Gersten, rinderin eingemacht bratin, des zu dem sie sonnsten an siedflaisch fünff pfundt" auf dem Tisch. Freitags war Stockfisch auf dem Speisezettel. Und es wurden, sicherlich sehr zur Freude der Knaben, „an der faßnacht zwen tag aubendts unnd morgens faßnachtküechlin" gebacken. Auch Wein durften die Klosterschüler trinken, wenn auch „nit deß besten wein". Und „mehr eingeschenckht jedem noch ein quart" sollte werden „am christag, newem jar, faßnacht, ostern und pfüngsten." Die Klosterschüler verbrachten also im Allgemeinen nicht einmal die Feiertage daheim.

Zwar war die Kost an Wochentagen etwas einfacher gehalten, doch stand die Ernährung der Klosterschüler zweifellos über dem Durchschnitt der übrigen Bevölkerung. Gemüse und Obst taucht allerdings höchst selten auf. Für ausreichende Kleidung, auch Schuhzeug für die wohl ebenso schnell wie heute heranwachsenden Knaben war ebenfalls gesorgt: „... gipt man iren jedem alle jar zwai neuwer gedoppelter par hoch schuoch", also knöchelhohe Schuhe mit doppelter Sohle. Kleider und Schuhe wurden geflickt und ausgebessert, „so offt nottwendig, ins closters costen".

Bayern, den Sohn, der diese Absicht selbst allerdings gar nicht hatte, an seiner Stelle als regierenden Herzog einsetzen zu wollen und wies Christoph zurück. Es muss eine herbe Enttäuschung für den jungen Mann gewesen sein, nach langen Irr- und Wanderjahren endlich in der Heimat angekommen zu sein und vom eigenen Vater nicht geduldet zu werden. Er suchte sein Glück in Frankreich bei König Franz I., der ihn freundlich aufnahm. Am französischen Hof glänzte er sieben Jahre lang mit seinen höfisch- ritterlichen Begabungen bei Turnieren und Festen. Rasch wurde der charmante Württemberger zum Liebling der Frauen, und die einflussreiche Katharina von Medici, Ehefrau des zweitgeborenen Königssohnes und bald Gemahlin des Thronfolgers, sollte den von ihr besonders geschätzten Christoph noch Jahre später und längst Mutter des noch unmündigen Königs von Frankreich als Ratgeber suchen.

Politisch-gesellschaftlicher Schliff am französischen Hof für den jungen Diplomaten Christoph

Während seines Frankreichaufenthaltes machte Christoph über die Schwester von König Franz I., Margarete, Bekanntschaft mit dem reformatorischen Gedankengut. Margarete, verheiratet mit Heinrich von Navarra, hatte sogar ein evangelisches Bekenntnisbuch veröffentlicht, und auch die Schwägerin des Königs, Renate, galt als entschiedene Anhängerin des Protestantismus.

Doch auch die Repräsentanten der katholischen Partei in der Zeit der Religionskämpfe in Frankreich, den späteren Kardinal von Lothringen, Erzbischof von Reims, Karl von Guise und seinen älteren Bruder Franz I. von Lothringen, der als Initiator der Hugenot-

Und wenn die Schüler ihre neuen Herbstkleider in Empfang nahmen, so war für jeden „ein news schwartz spannisch hüettlin" dabei.

Briefe als einziger Kontakt zur Familie

Der einzige Kontakt zur Familie bestand in Briefen, die selbstverständlich vom Klosteaufseher gelesen wurden. Nur in seltenen Ausnahmefällen durften die Knaben Besuch von daheim empfangen, in Ausnahmefällen wie Hochzeit der Geschwister oder in der Not von Tod oder schwerster Krankheit konnte ein Besuch bei der Familie genehmigt werden.

Ein kleiner Satz in einem Brieflein nach Hause lässt die Kümmernisse so manchen Kindes erahnen: „Ich bitt dich lieber vatter, das du uff winechten aber kumest", so schreibt ein unbekannter Schüler in einem noch erhaltenen Briefkonzept an seine Eltern, nicht ohne sehnsüchtig „das ganz huss gesind unnd alle nachburen" zu grüßen.

tenkriege gilt, lernte er am französischen Hof kennen. Kein Wunder, dass Christoph dann später während eben dieser Hugenottenkriege von beiden Seiten um Hilfe gebeten wurde. Er sollte sich militärisch aus allem heraushalten, jedoch als Vermittler wertvolle diplomatische Dienste leisten.

Christoph regiert in Mömpelgard

Dass er die französischen Verhältnisse so gut kannte, kam ihm sehr zugute, als sein Vater – endlich – im Jahr 1542 Kontakt zu ihm suchte und ihm die Regierung der württembergischen Grafschaft Mömpelgard übertrug. Nun hatte Christoph ein eigenes Zuhause, eine große Aufgabe im eigenen Land, und er meisterte sie mit viel Geschick.

Auch seine persönlichen Verhältnisse ordnete er. 1544 heiratete er die evangelische Markgrafentochter Anna Maria von Brandenburg-Ansbach, die ihm ein Jahr später den ersten Sohn Eberhard und bald weitere elf Kinder gebar. Acht wichtige und für die Mömpelgarder segensreiche Jahre der praktischen Vorbereitung auf seine späteren Aufgaben als Herzog von Württemberg verbrachte Christoph als Statthalter in der kleinen Grafschaft an der burgundischen Pforte.

„Hie gut Württemberg in Ewigkeit!" – Unter diesem Leitspruch nahm Christoph die Huldigung des Landes ein, als sein Vater im November 1550 in Tübingen verstorben war und er dessen – schweres – Erbe als neuer Herzog antrat.

Auf das Land drückte eine immense Schuldenlast, die Verwaltung war in Unordnung und die Bevölkerung zutiefst verunsichert. Auf den drei wichtigsten Lan-

Herzog Christoph – Denkmal vor dem Neuen Schloss in Stuttgart.

desfestungen saß noch die feindliche Besatzung. Die Durchsetzung der Reformation war durch das Einschreiten der kaiserlichen Macht zu Gunsten einer aufgezwungenen Annäherung der evangelischen Kirche an die katholische im so genannten "Interim", einer „Zwischenkonfession", die sogar den Wiedereinzug von Nonnen und Mönchen in ihre alten Klöster vorsah, wieder ins Wanken geraten. Und nicht zuletzt war die Stellung des Hauses Württemberg und Christophs selbst als Landesherr in Württemberg in Gefahr, denn der von den Habsburgern gegen Ulrich nach der Wiedereroberung Württembergs angestrengte Lehensprozess stand noch an. In diesem so genannten Felonieprozess wegen Lehensuntreue, der nun von Ulrich auf Christoph übertragen wurde, machten die Habsburger ihre Ansprüche auf Württemberg weiterhin geltend.

Schweres Erbe

Vor einem solchen Berg schier unlösbarer Probleme hätten wohl die meisten jungen Thronfolger kapituliert. Nicht so Christoph. Vielleicht kamen ihm jetzt die vielen politischen und menschlichen Erfahrungen seiner schweren Jugend an den unterschiedlichsten Herrscherhöfen und in zahlreichen Ländern Europas zugute. Er machte sich jedenfalls mit bewundernswerter Geduld und einer großen Zielstrebigkeit ans Werk. Seine Selbstsicherheit, sein Fleiß, sein Gerechtigkeitssinn und sein fester Wille, „furchtlos und treu" Verantwortung für sein Land in einer solchen Situation zu übernehmen, beeindruckte die Menschen in Württemberg nicht nur, sondern machte ihnen auch wieder Mut. Und sie waren bereit, für und mit diesem Herzog hart zu arbeiten. Christoph muss nicht nur ein außerordentlich intelligenter Mann gewesen sein, sondern auch eine charismatische Persönlichkeit. Denn was er seinen Mitarbeitern und seinem Volk in kürzester Zeit abverlangte, überschritt beinahe die Grenzen des Zumutbaren. Doch nur so konnte das Werk des Wiederaufbaus gelingen.

Erste Erfolge bei der Konsolidierung des Landes

Bereits zehn Tage nach seinem Regierungsantritt verteilte Christoph mit einer neuen „Kanzleiordnung" klare Kompetenzen und schuf sich so seinen Verwaltungsapparat, mit dem er effektiv arbeiten und die anstehenden Probleme lösen konnte.

Zunächst galt es, in zähen Verhandlungen die habsburgischen Ansprüche auf Württemberg abzuwehren. Dabei kamen dem jungen Herzog viele andere deutsche Fürsten zu Hilfe, denen die Macht der Habsburger allmählich bedrohlich stark geworden schien. Schließlich kam es im Sommer 1552 zu einer Art Kompromiss: Herzog Christoph erhielt den ungeschmälerten Besitz seines Herzogtums zugesprochen, musste jedoch die Lehnshoheit Österreichs anerkennen und die schwindelerregende Entschädigungssumme von 300.000 Gulden bezahlen.

Diplomatisch klug ging Christoph auch das ihm persönlich sehr wichtige Problem der Konfession und der endgültigen Festigung des Protestantismus in seinem Land an. Mit der Teilnahme am Konzil von Trient 1551 – seine Theologen und Räte waren dort die einzige evangelische Delegation – bekundete er sein Entgegenkommen und errang allgemeine Anerkennung. Sein Ratgeber Johannes Brenz hatte ein eigens auf die theologischen Fragen des Interims abgestimmtes, sehr vorsichtig formuliertes Glaubensbekenntnis, die so genannte „Confessio Virtembergica" vorgelegt. Ohne großes Aufheben führte Christoph diese spezielle „Confessio" nach der Rückkehr seiner Gesandten in Württemberg ein, und ehe man es sich versah, war dadurch das von Habsburg aufgezwungene Interim in der Praxis aufgehoben! Erst 1552 wurde dies dann offiziell seitens des Kaisers rechtswirksam bestätigt.

Religionspolitische Einigung auf dem Reichstag von Augsburg 1555

Das Verhandlungsgeschick und gewinnende Wesen des neuen württembergischen Herzogs hatte sich schnell herumgesprochen, und auf dem Reichstag von Augsburg 1555 spielte er eine wesentliche Rolle bei der Einigung, den weltlichen Landesherren künftig das Recht auf Religionsfreiheit zuzugestehen nach dem Motte „cuius regio eius religio". Dass damit nur der Landesherr bestimmen konnte, welche Religion in seinem Territorium zu herrschen habe, nicht aber dem einzelnen Untertan Religionsfreiheit zugestanden wurde, störte Christoph keineswegs. Hier war er ganz Kind seiner Zeit. Auf jeden Fall war es im Augsburger Religionsfrieden von 1555 letztendlich gelungen, einen Konfessionskrieg zu verhindern. Was dies bedeutete, kann man erst ermessen, wenn man sich die Gräuel des Dreißigjährigen Krieges im folgenden Jahrhundert vor Augen führt.

Dass nun auf lange Sicht Frieden und Sicherheit hergestellt waren, sollte dem anstehenden Wiederaufbau Württembergs zugute kommen.

Sanierung der Finanzen mit Hilfe der Landstände

Der zupackende Herzog machte sich nun an die Sanierung der Staatsfinanzen. Dazu benötigte er die Mithilfe seiner Untertanen, vor allem das Verständnis und die Unterstützung durch die Landstände, insbesondere der bürgerlichen Vertreter der Städte und Ämter. Im Unterschied zu seinem Vater nahm Christoph sie wieder als Partner ernst, ähnlich wie vor ihm Eberhard im Barte es getan hatte, und er berief häufig Landtage ein, in denen häufig und hart ums Geld gerungen wurde. So trug der Landtag auch die zur Sanierung der Finanzen und der Schuldentilgung nötigen hohen Steuerlasten mit, und seine Abgeordneten erklärten sich schließlich bereit, von den herzoglichen Schulden, die Christoph übernommen hatte, und den zusätzlichen Kosten zur Entschädigung der Habsburger in Höhe von insgesamt unvorstellbaren 1,7 Millionen Gulden immerhin 1,2 Millionen zu übernehmen! Der Herzog anerkannte das hohe Opfer, zu dem die Vertreter des Bürgertums und die Prälaten bereit waren, und dankte es ihnen mit der Bestätigung ihrer Freiheiten im Tübinger Vertrag und der Einrichtung einer ständigen Landschaftsverwaltung, was sie endgültig zu einer festen Institution im Staatsgefüge machte. Ja er erteilte sogar Freizügigkeit für alle Landesbewohner. Das mag aus heutiger Sicht nicht mehr als recht und billig erscheinen, bedeutete jedoch für damals einen wichtigen Fortschritt für die Menschenrechte.

Nur knapp vier Jahre hatte Christoph gebraucht, um die anfangs unüberwindlich erscheinenden Probleme im danieder liegenden Württemberg in den Griff zu bekommen, und er hatte dies ohne Gewalt oder kriegerische Auseinandersetzungen allein mit Diplomatie und in zähen Verhandlungen und überzeugenden Gesprächen geschafft.
Jetzt konnte er gestalterisch für die Zukunft seines Landes arbeiten, und es sollte ihm eine großartige Neuordnung gelingen.

Verwaltungsreformen und Bürgernähe

Als Gerüst der Landesverwaltung installierte er drei Zentralbehörden, denen klare Kompetenzen und Aufgaben zugewiesen wurden: den Oberrat für Äußeres, Inneres, Polizei und Justiz, die Rentkammer für die Güter- und Finanzverwaltung und den Kirchenrat für geistliche Angelegenheiten und die Finanzen der Kirche.
Das bedeutete ein Novum, und dass für die Räte Anwesenheitspflicht und bestimmte Dienststunden vorgeschrieben wurden, sommers von sechs bis neun und von zwölf bis sechzehn Uhr, winters je eine Stunde später, war gewiss keine Selbstverständlichkeit. Der Herzog befahl rasche Erledigung der Geschäfte, insbesondere der Anträge der Bürger, und er verbot die Annahme von Geschenken. Modern ausgedrückt, garantierte dies Bürgernähe, Disziplin und Unparteilichkeit der Beamten und muss als ein ungeheurer Fortschritt gewertet werden.

Der große Gesetzgeber

Herzog Christoph sollte als großer Gesetzgeber in die Geschichte Württembergs eingehen. Schon im Jahr 1552 gab er eine umfangreiche Landesordnung heraus, die im Laufe seiner Regierungszeit um zahlreiche Verordnungen auf den unterschiedlichsten Gebieten ergänzt wurde, bis am Ende so gut wie alle Lebensbereiche der Bevölkerung klar geordnet, ja vom Staat bestimmt waren.

Die Landesordnung von 1552

Städte und Gemeinden hatten seither weitgehend selbst Recht gesetzt und sich dabei mehr am ungeschriebenen Gewohnheitsrecht als am römischen Recht orientiert, das die Universitäten lehrten. Die Rechtsprechung im Land war also uneinheitlich gewesen, und es darf sicherlich als ein großer Fortschritt für die allgemeine Rechtssicherheit der Menschen in Württemberg gelten, dass es Herzog Christoph gelang, ein allgemein gültiges württembergisches Gesetzbuch für Prozess- und Zivilrecht einzuführen. Dass er nicht den einfachsten Weg wählte und ohne Rücksicht auf das traditionelle Rechtsempfinden seiner Untertanen das römische Recht einheitlich einführte, sondern das zwar sehr verschiedene, doch gewachsene bisherige Recht als Grundlage für eine notwendige Rechtsvereinheitlichung auf der Basis des „modernen" römischen Rechts nahm, wirft ein interessantes Licht auf den einfühlsamen Charakter Christophs. Er nahm die Menschen in seinem Land ernst, und man meint seine Zuneigung zu ihnen aus seinem Verhalten als Regent Württembergs herauszuspüren.

Dass er seinen Mitarbeitern einiges abverlangte, erahnt man, wenn man sich die Geschwindigkeit vorstellt, mit der er ihnen Mitte Januar 1552 befahl, die einzelnen seither gültigen Rechte in den Dörfern und Städten des ganzen Landes bis zum 7. Februar 1552 aufzuschreiben und in seiner Kanzlei abzuliefern! Danach wurde eine Kommission aus Abgeordneten des Landtags, Räten des Herzogs und Professoren der Universität Tübingen eingesetzt, welche diese Berichte analysieren und sinnvoll zusammenführen sollten. Die Verschiedenheit des Inhalts der eingesandten Rechtsberichte ließen diesen herzoglichen Auftrag zur Sisyphusarbeit werden, doch im Mai 1555 war sie beendet: eine vorsichtige Mischung aus Tübinger, Uracher und Freiburger Stadtrecht, der Hofgerichtsordnung, der bisherigen Landesordnung und – vor allem – dem römischen Recht. Das neue württembergische Landrecht galt allgemein als zeitgemäß und fand bald Nachahmung in Baden, der Kurpfalz und der Reichsstadt Nürnberg.

1555: Das Landrecht

Dazu kamen weitere Verordnungen auf dem damaligen Weg Württembergs in die Zukunft.

Weitere Landesverordnungen

So zum Beispiel die Maßordnung von 1557, welche die Flächenmaße für Grundstücke, die Mengenmaße für Getreide, Heu, Öhmd und Brennholz, Getränkemaße, Längenmaße und Gewichte erstmals einheitlich und verbindlich im ganzen Land gültig festlegte. Das bedeutete eine für den Handel und die Wirtschaft ungeheuer große Erleichterung und eine bis dahin unbekannte höhere Sicherheit vor Betrug.

Weitere Verordnungen, alle aus den Fünfzigerjahren des 16. Jahrhunderts, betrafen die Gewerbe und das Handwerk, so zum Beispiel die Wirt- und Gastgeberordnung oder die Fleisch- und Metzgerordnung oder die für die Forstverwaltung und schließlich das Hofgericht als dem obersten Gericht Württembergs.

Dass auch die kirchlichen Verhältnisse eine Neuordnung erfuhren, in der das Württembergische Bekenntnis und der von Johannes Brenz nach der lutherischen Lehre verfasste Katechismus zur Glaubensgrundlage der württembergischen Kirche wurden, war für die geistige und religiöse Situation der Gesellschaft von großer Bedeutung. Zur Überwachung und Durchführung wurden Visitatoren, Beauftragte der Kirchenleitung, eingesetzt, welche die einzelnen Pfarreien regelmäßig besuchen und Berichte darüber schreiben sollten.

Der Visitationsrat: Erste kirchliche Zentralbehörde eines protestantischen Landes

Mit dem Visitationsrat, später Kirchenrat genannt, wurde die erste kirchliche Zentralbehörde eines protestantischen Landes eingeführt. Oberster Chef der württembergischen Landeskirche war allerdings kein Bischof, sondern der Herzog persönlich.

Eine der spektakulärsten Folgen der Neuregelung der kirchlichen Verhältnisse sollte die Neuordnung des Schulwesens in Württemberg werden. Im Jahr 1559 wurden die Organisation und der Aufbau der Schulen im Land, die Lehrinhalte und pädagogischen Grundsätze zum ersten Mal landeseinheitlich geregelt. Für alle Kinder im Land galt die Schulpflicht! Auch die Mädchen wurden in die allgemeine Schulbildung einbezogen. Damit konnten einige Generationen später alle Württemberger und Württembergerinnen lesen und schreiben. Eine Errungenschaft bereits im ausgehenden 16. Jahrhundert, wovon in anderen deutschen Ländern noch im 19. Jahrhundert nur geträumt wurde! Herzog Christoph war sich zweifellos im Klaren, dass er in einem an Bodenschätzen und anderen natürlichen Ressourcen armen Land einzig in die Bildung seines Volkes sinnvoll investieren konnte, um es zukunftsfähig zu machen. Und er sollte Recht behalten. Wurde doch das kleine Württemberg in der Kombination von guter Bildung und Ausbildung seiner Bewohner mit deren protestantischem Arbeitseifer und pietistisch strenger, sparsamer und genussfeindlicher Lebensführung nicht nur zu einem der wohlhabendsten Länder Europas, sondern auch zur Heimstatt zahlreicher Erfindungen auf den unterschiedlichsten technischen, wissenschaftlichen und ökonomischen Gebieten. Und nicht zuletzt galt es bald als das Land der Dichter und Denker.

Schulpflicht für alle schon im 16. Jahrhundert!

Viele von ihnen erhielten ihre erste Bildung auf einer der Lateinschulen, die in den durch die Reformation aufgelösten Klöstern entstanden waren und allen begabten Jungen kostenfrei zur Ausbildung offen standen, auch denen aus den ärmeren Bevölkerungsschichten. Der Astronom Johannes Kepler gehörte ebenso dazu wie der Philosoph Schelling, der Dichter Friedrich Hölderlin oder der Arzt und Dichter Justinus

Kerner und noch bis ins 20. Jahrhundert hinein viele andere berühmte Persönlichkeiten mehr.

Das Evangelische Stift als Bildungsstätte künftiger Theologen

Dass auch die Landesuniversität Tübingen gefördert wurde und mit dem Evangelischen Stift eine hervorragende Ausbildungsstätte für künftige Theologen geschaffen wurde, für die ebenfalls Stipendien vergeben wurden, passt in den Bildungsplan Herzog Christophs für sein Land.

Der Erfolg der Reformation hing wesentlich davon ab, dass es Pfarrer und Lehrer gab, die in Unterricht und Erziehung die heranwachsenden Generationen von württembergischen Landeskindern im Sinne der Reformation heranbilden konnten. Deshalb hatte schon Christophs Vater Ulrich im Jahr 1536 in Tübingen ein Stipendium für angehende Pfarrer gegründet, die in einer Art Internat mit straffer Studien- und Hausordnung und streng geregelter gemeinsamer Lebensführung lebten. Unter Herzog Christoph wurde das Stift im ehemaligen Augustinerkloster untergebracht und weiter ausgebaut. Es wurde als Institution fest in der Großen Kirchenordnung verankert. Das gesamte Schulwesen unterstand – wie bereits erwähnt – damals der Kirche. Die Stipendiaten mussten sich verpflichten, nach Abschluss ihres Studiums als Lehrer oder Pfarrer in Württemberg zu dienen und, sollten sie andernorts tätig werden wollen, das Land nur mit ausdrücklicher Genehmigung des Landesherrn zu verlassen.
Weit über 15.000 Stiftler und inzwischen auch Stiftlerinnen sind auf diesem bis heute existierenden Stift ausgebildet worden. Viele von ihnen sind als Theologen, Dichter, Philosophen oder Naturwissenschaftler bekannt, manche weltberühmt geworden, wie etwa der Astronom Johannes Kepler, die Philosophen Hegel und Schelling, die Theologen David Friedrich Strauß, Albrecht Bengel und Ludwig Hofacker, die Dichter Hölderlin, Mörike oder Georg Herwegh und viele andere mehr. Das Tübinger Stift hat als „Kaderschmiede" für den württembergischen Pfarrer- und Lehrerstand das württembergische Geistesleben entscheidend geprägt. Parallel zum theologischen Stipendium wurde 1592 in Tübingen eine weitere Bildungseinrichtung für künftige weltliche Staatsbedienstete wie Verwaltungs- oder Finanzbeamte geschaffen. Das „Collegium illustre" entwickelte sich jedoch bald zu einer Art Adelsschule, die Wert auf Fächer wie Fechten, Turnierkampf, Ballspiele und Tanzen legte, die der fürstlichen Repräsentation dienten.

Unterstützung für Glaubensflüchtlinge

Ein Anliegen waren Christoph auch die vielen Glaubensflüchtlinge, die die Wirren um die Reformation in jenen Jahrzehnten in ganz Europa mit sich brachten. Er unterstützte Verfolgte aus Tirol, Salzburg, Kärnten oder auch aus Bayern mit Spenden, manchen gewährte er Asyl in Württemberg. Dem slowenischen Pfarrer und Gelehrten Primus Truber, der in Derendingen nahe der Universitätsstadt Tübingen eine neue Heimat gefunden hatte, ermöglichte er die Übersetzung zahlreicher religiöser Schriften ins Kroatische und Slowenische, die in einer eigens in Urach eingerichteten slawischen Druckerei herausgebracht wurden. Dazu musste Truber für das bis dahin nur mündlich existierende Slowenisch eine Schriftsprache entwickeln! Unter dem Schutz des württembergischen Herzogs vollbrachte der Reformator eine Pionierleistung, indem er die Übersetzung des Neuen Testaments ins Slowenische schuf und so zum Begründer der slowenischen Schriftsprache wurde.

Staatliche Überwachung aller Lebensbereiche

Weniger sympathisch klingt aus heutiger Sicht die Einrichtung der „politischen Visitation". Analog zur kirchlichen Überwachung der Pfarrer und ihrer Gemeinden im Land zogen auch herzogliche Regierungsbeamte mit einem festgelegten Fragenkatalog durchs Land, um in „Gesprächen" zu erfahren, ob die vielen neu eingeführten Verordnungen auch eingehalten wurden und ob und wie die Landesbeamten ihren Pflichten nachkamen. Dass dabei auch deren persönliche Lebensführung beurteilt wurde und im Bestreben, Fehler von Beamten und das Nichtbeachten von Anweisungen durch die Bevölkerung aufzudecken, ein gefährliches System des gegenseitigen Aushorchens entstand, ja ein System staatlicher Spitzelei, das Denunziationen, nachbarschaftlichen Verleumdungen und gegenseitigem Verrat Tür und Tor öffnete, war zwar gewiss nicht im Sinne Christophs, jedoch eine logische Folge solcher Inspektionen. Für Christoph war es als Schutz seiner Landsleute vor möglicher Überheblichkeit, gar Korruption von Amtsträgern gedacht, zur Verhinderung behördlicher Schlamperei, Untreue oder Parteilichkeit der Beamten.

Herzog Christoph: ein weltoffener und geselliger Fürst

Ein strenger, unduldsamer, ja unnahbarer Herrscher, den man nun vielleicht hinter Christoph vermuten könnte, ist er nicht gewesen. Im Gegenteil, er galt als ein ausgesprochen geselliger Mann, der den Kontakt mit Menschen aus allen Schichten der Bevölkerung suchte, gerne auch Gespräche mit anders Denkenden führte und trotz all der Schwierigkeiten in seiner bewegten Jugend und der ersten harten Regierungszeit im krisengeschüttelten Württemberg seinen Humor nicht verloren hatte. Dass ihn trotz aller politischen Gegensätze zu Habsburg eine tiefe Freundschaft zu Maximilian, dem Sohn Kaiser Ferdinands, verband, und er den Katholiken zum Paten seines dritten Sohnes Maximilian machte, zeugt von der Toleranz und Klugheit beider Männer.
Der weltmännisch offene Christoph, der höfisches Leben in Paris und Wien kennen gelernt hatte, liebte fröhliche Feste mit interessanten Gästen an seinem Hof in Stuttgart, den Tanz und die Musik, vor allem gutes Essen und edle Weine, ging gerne zur Jagd und – baute leidenschaftlich gerne Schlösser. Nicht nur das heutige Stuttgarter Alte Schloss ließ er zu einer ansehnlichen Renaissanceresidenz ausbauen, sondern auch zahlreiche kleinere Schlösser als Residenzen in anderen Städten und auf dem Land wurden von ihm in Auftrag gegeben. Dies war jedoch ebenso wie der Ausbau der Lan-

desfestungen für den Verteidigungsfall keineswegs nur die kostspielige Liebhaberei eines Landesfürsten, sondern hatte für einen verantwortungsbewussten Politiker wie Herzog Christoph einen ganz anderen Hintergrund. Sie ermöglichten ihm, der sich sehr häufig selbst durch eigene Reisen über die Verhältnisse in seinem Land kundig machte, eine unabhängige Mobilität und Präsenz im ganzen Land. Seine Schlösser in Göppingen, Grafeneck, Brackenheim, Leonberg, Neuenbürg und Waldenbuch, um nur einige zu nennen, waren Ausdruck ständiger fürstlicher Präsenz überall im Land und dienten gleichzeitig dem Repräsentationsbedürfnis des Renaissancefürsten eines Landes, das gewillt war, in der Politik Europas eine unüberhörbare Rolle zu spielen.

Herzog Christoph hinterlässt ein geordnetes Land

Als Herzog Christoph am 28. Dezember 1568 im Alter von nur 53 Jahren starb, seit Jahren bereits von rheumatischen Schmerzen geplagt, hinterließ er ein geordnetes Land in innen- wie außenpolitisch, gesellschaftlich wie geistig gefestigtem Zustand und mit konsolidierten Finanzen, das nach krisenreichen Jahren voll Optimismus in die Zukunft blicken konnte. Dass es ihm gelungen ist, Württemberg aus jenen schweren und gefährlich unruhigen Zeiten allein mit kluger, überzeugender Politik ohne Gewalt und Krieg herauszuführen, verdient auch heute noch höchsten Respekt. Zu Recht galt und gilt Herzog Christoph als einer der meistgeachteten Fürsten Europas.

Schwäbische Kehrwoche –
Die Last mit der Putzlust

Den Schwaben, oder besser den Württembergern wird ein ganz besonderer Putzeifer nachgesagt. Ausdruck ihrer in manchen Fällen bis zum Sauberkeitswahn gesteigerten Freude an einem geputzten Haus samt nass gewischtem Eingang und ordentlich gepflegtem Gehweg ist die berühmte schwäbische Kehrwoche.

In einem Wohnhaus beispielsweise mit drei Mietparteien hat jeder der drei Mieter alle drei Wochen für ein sauberes Treppenhaus und einen gefegten Gehweg zu sorgen. Freitags oder samstags wird „nausg'wischt" und auch die Mülleimer müssen nach der Leerung ausgespült werden. Winters muss der Mieter das „Trottoir", also den Gehsteig von Glatteis und Schnee befreien. Tut er das nicht, so kann er sich der Feindschaft der gesamten Nachbarschaft sicher sein. Umgekehrt bietet ihm die Kehrwoche allerdings die Möglichkeit, hie und da ein kleines Schwätzchen mit der Nachbarin zu halten und die nicht nur in Großstädten allenthalben herrschende Anonymität zu durchbrechen.

Diese Einrichtung gibt es in Württemberg seit dem 16. Jahrhundert, in Ansätzen sogar schon Ende des 15. Jahrhunderts, und Schrubben, Wischen, Kehren und Aufräumen in aller Öffentlichkeit haben einen geschichtlichen Hintergrund.

Eine Vielzahl von neuen Verordnungen musste die auf Befehl des Herzogs evangelisch gewordene Bevölkerung Württembergs seit der großen Kirchenordnung von 1559 über sich ergehen lassen. Bis ins Detail wurde das Alltagsleben reglementiert und vom Kirchenkonvent überwacht. Dazu gehörte die Heilighaltung des Sonntags, Tanzen, Fluchen, Lärmen, Streiten und das Glücksspiel wurden bestraft. Überschreitungen etwa beim Nachbarn sollten die Bürger der Obrigkeit melden; sie wurden dann sogar für ihr „Petzen" mit dem „Anbringdrittel" belohnt, einem Anteil an der Geldstrafe, die der Angezeigte erbringen musste.

Diese Überwachung eigentlich privater Angelegenheiten gipfelte im Generalreskript von 1781 gegen die „Übelhäuser". Wer seine Landwirtschaft schlecht betrieb und sein Haus „verludern" ließ, wurde enteignet! Und wer ein solches „Übelhaus" anzeigte, erhielt zur Belohnung ein Drittel des eingezogenen Gutes.
Verständlich, dass die Leute nicht nur darauf achteten, Haus und Hof nicht zu vernachlässigen, sondern darüber hinaus Wert darauf legten, dass der Nachbar es auch bemerkte, wie fleißig man putzte und Ordnung schuf. Nur ja nicht den Eindruck erwecken, man ginge dem Müßiggang nach! Immer „schaffig" gab man sich, nach außen, versteht sich.

Und man zeigte, dass die Betten gelüftet werden und breitete sie am offenen Fenster zur Straße hin aus, wo man auch das Staubtuch und den „Mob" hinaus schüttelte. Man schrubbte Tisch und Stühle vor dem Haus, klopfte die Teppiche aus und man zeigte „sei Sach'".

Vielleicht gehen Außenstehende mit dem auch heute noch vielerorts anzutreffenden „Let's putz"-Eifer im Land, der wie im Falle Stuttgarts mit für das Guinness-Buch der Rekorde bestimmten öffentlichen Reinigungsaktionen noch zur Jahrtausendwende mit dem Oberbürgermeister und der Stadtverwaltung an der schaffigen Spitze demonstriert wird, ein wenig gnädiger um, wenn sie wissen, wie bedrohlich früher die NIchteinhaltung von Sauberkeitsvorschriften war, die sogar mit Enteignung enden konnte.

Der Schriftsteller Peter Härtling hat von der schwäbischen Kehrwoche, von deren Pflichten keiner ausgenommen ist, einmal Folgendes gesagt: sie sei eine Mischung aus Sauberkeitsbedürfnis, Neugierde und Demokratiebewusstsein.

Demokratisches Gedankengut hat eben gerade in Württemberg starke Wurzeln!

„Hie gut Wirtemberg – allewege“ .

Kleine Wappenkunde des Hauses Württemberg

Selbstverständnis, Machtanspruch und Ansehen eines Herrschers und seines Landes drücken sich in seinem sorgsam gewählten Wappen aus. Die Möglichkeit eines jeden dem Land zugehörigen Bürgers zur Identifikation mit seinem Land oder seinem Herrscher gibt ihm ein von allen oder auch nur von einer bestimmten Gruppe anerkannter Wahlspruch. Auch die Württemberger hatten solche Leitsprüche. Der Devise des württembergischen Königshauses „furchtlos und trew“ mögen sich in einem den Menschenrechten, der Demokratie und dem Grundgesetz verpflichteten Sinne durchaus auch die heutigen Bürger/innen Württembergs verbunden fühlen.

An keinem anderen Wahlspruch hingen die Württemberger inniger und länger als an der Devise „Hie gut Wirtemberg allewege“. Selbst ein zeitgenössischer Historiker hat seinem für heutige wie künftige Wissenschaftler unschätzbar wichtigen „Jahrhundertwerk“ einer umfassenden, mehrbändigen Genealogie des Hauses Württemberg diesen Titel verliehen.
Viele anrührende Geschichten erzählt man sich im Zusammenhang mit der sich mit diesen Worten verbindenden Treue und Anhänglichkeit der Württemberger an ihr Herrscherhaus oder, je nach Epoche und Selbstverständnis, ganz einfach an ihre Heimat.

So ist dieses Wort nach glaubhaften Überlieferungen sogar von württembergischen Juden im Schrecken der Konzentrationslager als Zuruf und Aufmunterung, zum Trost und als Zeichen des Durchhaltens gebraucht worden.

Aus der Zeit des flüchtigen Herzogs Ulrich und der österreichischen Fremdherrschaft in den Zwanziger- und Dreißigerjahren des 16. Jahrhunderts ist die Geschichte vom Diener und Wachsoldaten Hans Entringer auf der Burg Hohentübingen überliefert, der als schon 70-jähriger bei seiner nächtlichen Heimkehr von der Stadt Tübingen zurück auf die Burg seinem Kummer über das Fremd-Bestimmtsein mit dem lauten Ausruf „Hie gut wirtembergisch Grund und Boden“ Luft machte. Die Anhänglichkeit an seinen vertriebenen Herzog zu zeigen war zu jener Zeit lebensgefährlich, und tatsächlich hatte auch ein übel gesinnter Nachbar diesen Ausspruch des alten Mannes gehört und der österreichischen Obrigkeit gemeldet. Dem Entringer drohte die Todesstrafe. Doch vielleicht hatte er mit diesem württembergischen Erkennungszeichen selbst dem Vogt aus der Seele gesprochen. Der jedenfalls ließ mit folgenden Worten Gnade vor Recht ergehen: „Mendlin, Mendlin, wann ich deins weißen haars nit verschonete“ und der Entringer kam glimpflich davon. Und als nach vielen Jahren der Herzog wieder in sein Land und seine Stadt Tübingen zurückkehrte, da erinnerte man sich an des Entringers mutige Worte, feierte seine Treue und belohnte ihn auf seine alten Tage mit einem Gnadenbrot und zeichnete ihn mit einem „fürstlichen Hofkleid" aus. Das bestand aus einem schwarzen Wams mit gelbem Besatz und einem Band mit der Devise des Herzogs Ulrich auf dem Ärmel gestickt: „Hindvrch mit Fröden".

Das Stammwappen der Grafen von Württemberg

Das Stammwappen der Grafen von Württemberg zeigt drei schwarze Hirschstangen, die das Haus Württemberg und bis zum heutigen Tage das Land Württemberg symbolisieren. Seit der ersten Hälfte des 13. Jahrhunderts sind sie in einem goldenen Schild belegt. Als Helmzier dient das Uracher Hifthorn in Rot und Gold. Die Straußenfedern kamen erst im 15. Jahrhundert dazu.

Das Wappen Württemberg-Mömpelgards

Das Wappen der Grafen von Württemberg-Mömpelgard wurde ab 1444 von Graf Ludwig I. geführt, dem Sohn des Grafen Eberhard IV. und seiner Frau Henriette, die mit ihrer Heirat 1407 die linksrheinische Grafschaft Mömpelgard an der burgundischen Pforte als Erbe in den württembergischen Besitz gebracht hat. In den Fischen, den Barben, im gevierten Schild mit je zweimal den Hirschstangen spiegelt sich der Erwerb Mömpelgards.

Das Wappen Herzog Ulrichs

Im Wappen Herzog Ulrichs von Württemberg-Teck werden im ersten Feld des gevierten Schilds das württembergische Stammwappen geführt, im zweiten die Rauten von Teck, da man seit Eberhard im Bart mit der Erhebung zum Herzog von Württemberg auch die Würde eines Herzogs von Teck erhalten hatte. Das mit dem einheitlichen Reichslehen des Gesamtkomplexes Land und Herrschaft Württemberg bei der Verleihung der Herzogswürde von 1495 verbundene Markgröningen brachte die Reichssturmfahne ins Wappen, und die Mömpelgarder Barben rückten ins vierte Feld des Wappenschildes. Die Palme ist von Herzog Eberhard im Bart, dem frommen Pilger, übernommen.

Carl Eugen. Nachdem ein Teil der Grafschaft Limburg an Württemberg gefallen war, wurde das Wappen um die Heerkolben für Limburg vermehrt und als Helmzier das im Zickzackschnitt geteilte Büffelgehörn mit zwei ebenfalls im Zickzackschnitt geteilten Fähnchen von Limburg hinzugefügt. Für die neu hinzugekommene Herrschaft Justingen steht der schräge Astbalken und als Helmzier ein Schwan mit pfauenbesticktem Joch.

Das Wappen Herzog Carl Eugens

Das Wappen Herzog Eberhard Ludwigs

Immer üppiger wurden die Wappen, je näher man an die Barockzeit kommt. Das mit fünf Helmen verzierte Wappen Herzog Eberhard Ludwigs wurde um den „Heidenrumpf", das für die Herrschaft Heidenheim stehende Feld mit der „redenden" Wappenfigur erweitert und das Stammwappen mit den Hirschstangen ins Herzschild gesetzt.

Höfischer Glanz und barockes Repräsentationsbedürfnis spiegeln sich im Wappen des selbstbewussten Barockfürsten Herzog

Wesentlich nüchterner erscheint ab 1803 das Wappen Friedrichs II., das unter dem Kurfürstenhut zu den bereits bekannten Symbolen die Mitra für das neu hinzugewonnene Ellwangen zeigt, den Mond für Bönnigheim, Kreuz und Schwurhand für die ehemalige Reichsstadt Schwäbisch Hall und den doppelköpfigen Reichsadler für die ehemals reichsunmittelbaren Gebiete. Mit dem leeren Warteschild drückt der Regent seine Bereitschaft aus, weitere Gebiete in sein Land einzugliedern.

Das Wappen Herzog Friedrichs II.

Das königliche Wappen von 1806

Als erster König von Württemberg schmückt derselbe Friedrich als Friedrich I. sein königliches Wappen 1806 mit der Königskrone und ziert das umfangende Wappenzelt unten mit dem Goldenen Adlerorden und dem Militärverdienstorden. Das Wappen selbst wird von einem gekrönten Löwen und dem Hirsch gehalten, die jeweils den Stock einer Reichssturmfahne stützen.

Das württembergische Staatswappen

Das württembergische Staatswappen führte König Wilhelm I. im Jahr 1817 als leichter darstellbar zusätzlich zu dem seit 1806 gültigen großen Königswappen ein. Es galt bis zum Ende der Monarchie 1918. Unter dem Helm, der die Königskrone trägt, ist ein ovaler Schild mit den württembergischen Hirschstangen und den drei schwäbischen Stauferlöwen von einem gekrönten Löwen und einem Hirsch gehalten. Auf das Spruchband ist der württembergische Leitspruch „Furchtlos und trew“ geschrieben.

Literaturhinweise

Bitsch, Irmgard u.a.: Essen und Trinken in Mittelalter und Neuzeit. Sigmaringen 1999.

Decker-Hauff, Hansmartin: Frauen im Hause Württemberg. Hrsg. von Wilfried Setzler, Volker Schäfer u. Sönke Lorenz in Zusammenarbeit mit Andreas Schmauder. Nach der gleichnamigen Fernseh-Sendereihe des Südd. Rundfunks. 2. Aufl., Leinfelden-Echterdingen 1998.

–/ (Hrsg.): 500 Jahre Eberhard-Karls-Universität Tübingen. Beiträge zur Geschichte der Universität Tübingen 1477-1977. Bearbeitet von Wilfried Setzler. Tübingen 1977.

Feuchtwanger, Lion: Die hässliche Herzogin Margarete Maultasch. Historischer Roman. 1923.

Frasch, Werner: Ein Mann namens Ulrich. Württembergs verehrter und gehaßter Herzog in seiner Zeit. Leinfelden-Echterdingen 1991.

Hahn, Joachim u. Mayer, Hans: Das evangelische Stift in Tübingen. Geschichte und Gegenwart zwischen Weltgeist und Frömmigkeit. Stuttgart 1985.

Hauff, Wilhelm: Lichtenstein. Historischer Roman. 1826.
Herrmann, Klaus: Auf Spurensuche. Der Bauernkrieg in Südwestdeutschland. Leinfelden-Echterdingen 1991.

Hesse, Hermann. Unterm Rad. Roman. 1906.

Landesdenkmalamt Baden-Württemberg: Der Keltenfürst von Hochdorf. Katalog zur Ausstellung. Bearbeitet von Dieter Planck. Stuttgart 1985.

–/ Stadt Zürich (Hrsg.): Stadtluft, Hirsebrei und Bettelmönch. Die Stadt um 1300. Stuttgart 1992.

Lorenz, Sönke, Mertens, Dieter u.a. (Hrsg.): Das Haus Württemberg. Ein biographisches Lexikon. Stuttgart 1997.

Marquardt, Klaus: Europäisches Essbesteck aus acht Jahrhunderten. Eine Kunstsammlung. Begleitbuch zur Ausstellung im Rosengartenmuseum Konstanz. Stuttgart 1997.

Moersch, Karl: Sueben, Württemberger und Franzosen. Historische Spurensuche im Westen. Stuttgart 1991.

Raff, Gerhard: Die schwäbische Geschichte. Stuttgart 2000.

–, Hie gut Wirtemberg allewege I. Das Haus Württemberg von Graf Ulrich dem Stifter bis Herzog Ludwig. Stuttgart 1988.

–, Hie gut Wirtemberg allewege II. Das Haus Württemberg von Herzog Friedrich I. bis Herzog Eberhard III. Mit den Linien Stuttgart, Mömpelgard, Weiltingen, Neuenbürg, Neuenstadt am Kocher und Oels in Schlesien. Degerloch 1993.

Stieglitz, Leo v.: Zünfte in Württemberg. Regeln und Zeichen altwürttembergischer Zünfte vom 16. bis zum 19. Jahrhundert. Begleitbuch zur Ausstellung im Württembergischen Landesmuseum Stuttgart (Veröffentlichungen des Museums für Volkskultur in Württemberg, Waldenbuch, Heft 6). Stuttgart 2000.

Uhland, Robert (Hrsg.). 900 Jahre Haus Württemberg. Leben und Leistung für Land und Volk. Mit einem Geleitwort von Carl Herzog von Württemberg. 3. durchges. Aufl., Stuttgart 1985.

Bildnachweis

Photo: AKG Berlin: S. 29, 53, 61, 66, 71, 74, 94, 97, 105

Bildarchiv Foto Marburg, Marburg: S. 59

Deutsches Landwirtschaftsmuseum Stuttgart: S. 106

DRW-Verlag Weinbrenner GmbH & Co.: S. 117

Gemeinde Eberdingen: S. 17, 18

Rotraud Harling Photographie DGPh, Stuttgart: S. 50

Hauptstaatsarchiv Stuttgart: S. 37, 73

Landesdenkmalamt Baden-Württemberg, Stuttgart: S. 33

Landesdenkmalamt Baden-Württemberg, Außenstelle Tübingen: S. 84

Landesmedienzentrum Baden-Württemberg, Stuttgart: S. 34, 38, 42, 47, 56, 91, 128

Landesmedienzentrum Baden-Württemberg, Karlsruhe: S. 123

Landesmedienzentrum Rheinland-Pfalz, Koblenz: S. 24

Ulrich Sauerborn, Essingen: S. 22

© Schlossmuseum Jagsthausen: S. 120

Staatsgalerie Stuttgart: S. 112

Stadtarchiv Stuttgart: S. 49

Württembergische Landesbibliothek, Stuttgart: S. 81

Bücher aus dem DRW-Verlag – eine Auswahl:

Es gehet seltsam zu ... in Württemberg
Von außergewöhnlichen Ideen und Lebensläufen. Von Karl Moersch. 296 S., mit 79 hist. Abb.. Der Autor zeigt, daß württembergische Geschichte und Gegenwart eng zusammengehören. Ein umfangreiches, auf gründlicher Recherche beruhendes Wissen und der klare Stil machen das Werk zu einem wertvollen Geschichtsbuch. ISBN 3-87181-409-1

Der Württemberg – Der Berg, das Land, der Wein
Landschaftsbild und Geschichtsbetrachtung. Von Rotraud Harling und Helmut Gerber. Ein Fotoband von ganz besonderem Reiz. 128 S., mit 160 Farbfotos. ISBN 3-87181-463-6

Renaissance in Baden-Württemberg
Perspektiven einer Baukunst. Von Erhard Hehl (Fotografie) und Harald Schukraft (Text). 176 S., 222 Farbfotos, 27 doppelseitige Luftbilder. Nach einer prägnanten und interessanten Einführung ins Thema – mit 78 Farbfotos beispielhaft dargestellt – wird im über 100seitigen Hauptteil „Renaissance vor Ort“ anhand von 25 Beispielen vorgestellt. Jedem Beispiel (2-8 Seiten umfassend) ist ein doppelseitiges Luftbild vorangestellt. ISBN 3-87181-293-5

Frauen im Hause Württemberg
Von Hansmartin Decker-Hauff. Herausgegeben von Wilfried Setzler, Volker Schäfer und Sönke Lorenz. 304 S., mit 111 Abb., davon 71 in Farbe. 27 Lebensbilder aus der bekannten Fernsehreihe von Hansmartin Decker-Hauff. Ein Meisterstück historisch fundierter Erzählkunst. ISBN 3-87181-390-7

Uhland von A bis Z
Von Karin de la Roi-Frey. 128 S., 17 Abb.. Geschichten, Anekdoten und Wissenswertes von A wie Aussehen, über L wie Landtag bis hin zu Z wie Zeitvertreib. Eine Biographie. die den Dichter, Politiker und Gelehrten als privaten Menschen in den Mittelpunkt stellt. ISBN 3-87181-407-5

Frauenleben im Biedermeier
Berühmte Besucherinnen bei Justinus Kerner in Weinsberg. Von Karin de la Roi-Frey. 144 S., mit 18 hist. Abb.. ISBN 3-87181-397-4

Schmeck den Süden – Baden-Württemberg
Ein kulinarisches Landschaftsbild. Von Josef Thaller. 235 Rezepte mit Zutaten aus ökologischem Anbau und artgerechter Tierhaltung. 208 S., mit 197 Farbfotos, 56 ganzseitigen Foodbildern. ISBN 3-87181-457-1

Warum denn in die Ferne schweifen ... Baden-Württemberg liegt nah
Aus Anni Willmanns Reisechronik. 160 S., mit 36 Fotos. Eine Entdeckungsreise durch Baden-Württemberg mit Anni Willmann, die viele Jahre die Reisechronik im Stgt. Wochenblatt geschrieben hat. ISBN 3-87181-408-3

Der gelernte König
Wilhelm II. von Württemberg. Ein Porträt in Geschichten von Anni Willmann. 160 S., zeitgenössisch illustriert. Ein abwechslungsreiches, kurzweiliges Buch, das Biographisches und Anekdotisches zu einem einzigartigen Porträt des letzten württembergischen Königs zusammenfügt. ISBN 3-87181-292-7

Sperrige Landsleute
Wilhelm 1. und der Weg zum modernen Württemberg. Von Karl Moersch. 272 S., mit 50 hist. Abb. Württembergs Weg zum modernen Staat unter der Regie Wilhelms I. Unterhaltsame Porträts von Wilhelms prominenten Mitstreitern und Kontrahenten: sperrige Landsleute allesamt. ISBN 3-87181-373-7

Die längste Höhle der Schwäbischen Alb
Auf Entdeckungsfahrt durch die Wulfbachquellhöhle. 96 S., mit 60 Fotos. Die Autoren Jürgen Bohnert, Siegfried Geiger, Herbert Jantschke, Andreas Kücha und Rainer Straub geben einen faszinierenden Einblick in eine Welt, die nur geübten Höhlentauchern vorbehalten bleibt. ISBN 3-87181-391-5

Burg Wildenstein über dem Tal der jungen Donau
Die Geschichte der Burg mit ihren Vorläuferburgen und Besitzern bis in die heutigen Tage.
Von Gunter Haug und Heinrich Günther. 128 S., mit 100 Farbfotos und hist. Abb.. ISBN 3-87181-464-4

Sagenhaftes Wandern auf der Schwäbischen Alb
Von Andrea Liebers und Günther Stahl. 80 S., mit 6 Fotos und Wegeskizzen. Wanderführer und Sagen-Lesebuch zugleich. Zwei Bände sind bisher erschienen, in jedem Band 6 Sagen und Wanderbeschreibungen zu den Sagenorten.
Band 1: ISBN 3-87181-402-4; Band 2: ISBN 3-87181-441-5

Festtage zum Nachlesen
Hintergründe zu Zeitrechnung und Brauchtum. Von Hans-Peter Ebert. 160 S., mit 28 Abb.. Der Autor errläutert kurz und prägnant die Hintergründe der wichtigsten in Deutschland gefeierten Festtage. ISBN 3-87181-465-2

DRW-Bücher von Susanne Dieterich:

Württemberg und Rußland

Geschichte einer Beziehung

Vielgestaltig waren und sind die Verbindungen zwischen Württemberg und Rußland, spannend die Geschichten, die sich dahinter verbergen. Ob fürstliche Heiratspolitik, Tübinger Gelehrtenexport oder Daimlers Rußlandreise: Susanne Dieterich stellt dem Leser ein überraschend buntes Kaleidoskop württemberg-russischer Beziehungen vor, das angesichts gegenwärtiger Entwicklungen und Umwälzungen im Osten neue Aktualität gewinnt.
216 Seiten mit 58 historischen Abbildungen, zum Teil in Farbe, 15 x 21,5 cm, mit festem Einband.
ISBN 3-87181-243-9

Liebesgunst

Mätressen in Württemberg

Liebesgunst und Liebesneid – Rollenbild und Stellung der Geliebten auf Zeit an württembergischen Höfen des 17. und 18. Jahrhunderts, ihr Einfluss auf Kunst und Politik. Auf die Biografien bekannter Frauen wie Wilhelmine von Grävenitz und Franziska von Hohenheim wird ausführlich eingegangen.
176 Seiten mit 33 Abbildungen, zum Teil in Farbe, 15 x 21,5 cm. ISBN 3-87181-380-X

Weise Frau – Hebamme, Hexe und Doktorin

Zur Kulturgeschichte der weiblichen Heilkunst

Ein spannender Überblick von der Antike über das Mittelalter, die frühe Neuzeit bis heute. Ein besonderes Augenmerk gilt dabei der Situation und dem Schicksal heilkundiger Frauen in Württemberg: der Herzogin Sybilla von Württemberg und ihrem Leonberger Pomeranzengarten, Maria Andreä aus Herrenberg oder Katharina Kepler, die Mutter des berühmten Astronomen Johannes Kepler, der in Leonberg der Hexerei bezichtigt wurde.
192 Seiten mit 25 Abbildungen, 15 x 21,5 cm, mit festem Einband. ISBN 3-87181-461-X